～管理者・監督者のみなさん悩んでいませんか？～

もっとうまくいく安全活動16選

朱宮 徹 著

中央労働災害防止協会

~管理者・監督者のみなさん悩んでいませんか？~
もっとうまくいく 安全活動16選

CONTENTS

はじめに ・・ 5

第1章　設備や作業方法のリスクを低減する

安全活動 1　管理者による**対話型安全パトロール** ・・・・・・・・・・・ 12

安全活動 2　危険な出来事を共有する**ヒヤリハット報告** ・・・・・・・・ 25

安全活動 3　類似災害防止のための**災害情報の水平展開** ・・・・・・・ 32

安全活動 4　確実な改善を行うための**リスク一括管理** ・・・・・・・・・ 38

安全活動 5　安全作業のための**作業手順書の整備と活用** ・・・・・・・ 43

安全活動 6　安全行動の根拠とするための**安全ルール** ・・・・・・・・・ 52

第2章　現場作業者の安全意識を上げる

安全活動 7　浸透確認のための**現場モニタリング** ・・・・・・・・・・・・ 62

安全活動 8　意思が伝わりやすい**文書による安全指示** ・・・・・・・・・ 65

安全活動 9　危険感受性を伸ばす**危険予知訓練** ・・・・・・・・・・・・・ 70

安全活動 10	非定常作業前に安全確認を行う**TBM** ················ 76
安全活動 11	現場の意見を吸い上げる**スモールミーティング** ········ 83
安全活動 12	安全意識の浸透と、職場の課題を見つける**アンケート** ···· 89
安全活動 13	職場の風通しを良くする**ネガティブ情報提言活動** ······ 104
安全活動 14	災害の起点を安全に乗り越える**変化点管理** ··········· 109

第3章　安全活動を評価する

| 安全活動 15 | 安全活動活性化のための
管理者による活動のフィードバック ················ 116 |
| 安全活動 16 | **成果の点数評価**による安全活動の活性化 ············ 123 |

おわりに ·· 127

はじめに

1. はじめに

　すべての業種において、働く人の安全と健康は何よりも大切で最優先されるべきものです。しかしながら、そのために行う安全活動を実効あるものにすることは容易ではありません。形だけになったり、安全と作業は別物といった考え方になったりすることがあるのではないでしょうか。

　その一番の要因は、安全活動は楽しくないからであると思います。安全は何もなくて当たり前、何かあったら叱られる。「災害ゼロ」という目標こそありますが日々の達成感は得られにくいものです。そして作業者にも、安全活動などしなくても自分は大丈夫、安全を最優先したら作業がやりにくくなる、などの考えがあるのではないでしょうか。

　本書では、このような空気が現場にあることを大前提とした上で、安全活動を盛り上げ、実効あるものにして、作業者に浸透させる方法や事例について紹介します。

【安全管理や安全活動が盛り上がりにくい理由】
- 頑張っていても達成感がない。災害はなくて当たり前
- 今一番欲しいものは「身体の安全」じゃない
- みんな「自分は大丈夫」と思っている
- 安全を最優先したら作業がやりにくい
- 現場管理者も安全第一と言うには言うが本当は・・・
- 安全パトロールで指摘されることは、わかっていること、どうにもならないことばかり

2. さまざまな安全活動の位置づけ

　安全活動を行うときに最も大切なことは、管理者も作業者も関係者全員が活動目的を明確に理解しておくことです。目的が明確でなければ、活動そのものを目的化してしまう恐れがあります。何のためにやっているのか（やらされているのか）わからない。でもやらなければ指導され叱られるのでやる。このような状況では、効果が得られないばかりか、無駄な時間と手間が掛かるだけです。目的を関係者全員が理解し、目的通りに効果が得られているのかどうか、管理者は常に関心を持って見ておくことが大切です。

　ここで、さまざまな安全活動の位置づけを整理します。職場で行っている安全活動の目的は大きく分けると2つです。1つは設備や作業方法のリスクをなくす、減らす活動です。しかし、設備や作業のリスクは決してゼロにはなりませんので、もう1つが作業者の安全意識を上げるという活動です。その両輪の中にさまざまな安全活動が位置づけられます（図1）。

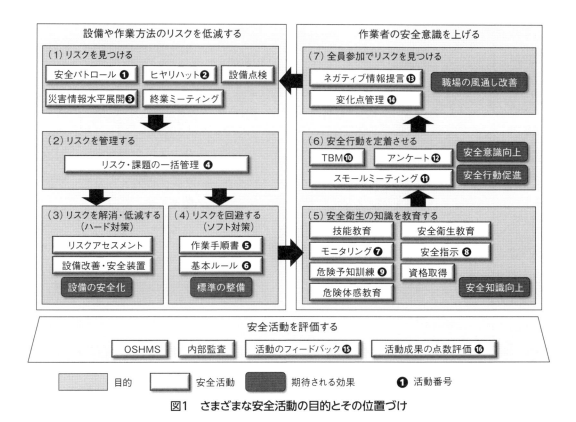

図1 さまざまな安全活動の目的とその位置づけ

3. 設備や作業方法のリスクを低減する活動（図1）

(1) リスクを見つける

リスクを低減するためには、まずリスクを見つけなければなりません。この代表的な安全活動は主に管理者が行う安全パトロール【安全活動❶】、作業者から現場で体験した危険な出来事を報告してもらうヒヤリハット報告【安全活動❷】などがあります。さらに、他職場で発生した災害情報を共有し自職場に水平展開【安全活動❸】することも職場のリスクを見つける活動の1つと言えます。

(2) リスクを管理する

抽出されたリスクは、忘れずに対応するために書き留めておき、改善を行うのか行わないのかも含めて進捗を管理しなければなりません。職場のリスクや課題を一括して管理していく必要があります【安全活動❹】。

(3) リスクを解消・低減する（ハード対策）

一括管理したリスクは可能な限り解消あるいは低減していかなければなりません。リスクア

セスメントを行った上で設備の安全化を行います。設備に安全防護を取り付ける、安全装置を設置するなどの方法で行います。

(4) リスクを回避する（ソフト対策）

職場の安全は設備の改善ですべてをカバーすることはできません。そこで行うべきことはリスクの回避です。個別の作業や職場全体に共通する要素作業の作業手順書を作成し【安全活動❺】、安全ルールや禁則事項など基本ルールを制定する【安全活動❻】ことで、作業者がリスクを回避する行動の根拠となるものを作っておくことが必要です。

4. 作業者の安全意識を上げる活動（図1）

(5) 安全衛生の知識を教育する

リスクを回避するために作られた作業手順書や安全ルールなどは作業者に確実に教える必要があります。何が正しく、何が正しくないのかを知っていなければ、安全な行動には結びつきません。安全ルールを教育で教え、それが知識として浸透していることをモニタリングなどで確認することが大切です【安全活動❼】。

また、管理者が発信する指示事項も広い意味では安全ルールになります。「昨日こんなことがあったので、今日から必ずこうしてください」などのような指示です。そのとき作業者にどのように伝えたら明確に伝わるのか、管理者は心得ておく必要があります【安全活動❽】。

さらに、作業者は教えてもらうだけではなく、その知識を活用して危険感受性を高めなければなりません。安全ルールや正しい行動についてグループ討議などを通じて学ぶ危険予知訓練【安全活動❾】は大切な安全衛生教育の1つです。

(6) 安全行動を定着させる

安全衛生教育を受け、正しい行動を教えられ、知識として会得したとしても、それを行動に移してもらわなければ意味がありません。特に普段行っていない非定常作業の前には、作業のリスクを洗い出して対策を確認しあうTBM（Tool Box Meeting）を行うことが必要です【安全活動❿】。教育で会得した知識や安全感性をTBMでフルに活用することにより非定常作業を安全に行うことができます。

また、一人ひとりが自分の考えていること、感じていることを言い合える風通しの良い職場環境が安全行動定着のベースになります。スモールミーティング【安全活動⓫】などを通じて職場の作業者同士で課題を共有し、話し合うことにより職場のコミュニケーションの基礎を作ることができます。その中には、みんなの前では意見が言いにくい人もいるでしょう。職

場全員の意見や思いを把握するためにはアンケートを活用するという方法【安全活動⓬】もあります。アンケートは意見を集約するだけでなく、管理者の意志を伝えるためにも活用できます。

　作業者一人ひとりの意見や思いを安全活動に反映することによってそれが浸透し、その効果を最大限に引き出すことができます。

(7) 全員参加でリスクを抽出する

　安全活動は全員参加で行うことが原則です。安全活動は足し算ではなく掛け算であると言われます。一人ひとりの安全活動を足し算した結果が大きな値になったとしても、その中に一人でもゼロの人がいれば、ゼロになるということで掛け算なのです。99%の人が頑張っていても、一人がケガをしたら、職場全体が否定されてしまうという経験をした方もいるのではないでしょうか。だから最後の一人まで活動に参加させなければならないということです。

　生まれも経験も違い、思いも意見も異なるいろいろな人が存在することは職場を強くする大切な要素ですが、それが気持ちを1つにすることを難しくし、全員参加を阻む要因になることもしばしばです。経験の浅い人からベテランまで全員参加で行うネガティブ情報提言活動【安全活動⓭】では、職場に存在するリスクや課題を抽出できる活動です。さらに毎日の作業の中で遭遇する思い通りにならないことを洗い出して対応する変化点管理【安全活動⓮】も、全員参加でリスクを抽出する活動として有効です。

5. 安全活動を評価する（図1）

　安全活動はマンネリ化したり、形骸化したりしやすいものです。作業者が納得感を持って安全活動に取り組んでいるか、その目的通りの成果が得られているか、管理者は確認し評価しなければなりません。制度的には労働安全衛生マネジメントシステム（OSHMS）や内部監査の枠組みの中で行うことが求められますが、日々の安全活動に対しては管理者が活動を行った人に対して成果をフィードバックする【安全活動⓯】ことが必要です。それを怠ると活動はいつしか形骸化して、活動そのものが目的化してしまいます。

　安全活動に対する公平公正な評価は、作業者に達成感を与えることもできます。達成感は次への意欲へとつながり安全活動がスパイラルアップしていきます。安全活動はどうせやるなら楽しくやりたい。安全活動成果の点数評価【安全活動⓰】によって安全活動をゲームのように取り組めばその一助になるかもしれません。

　安全活動の実効性を上げるためには活動の評価が最も大切であると言っても過言ではありません。活動の目的を関係者全員が心で理解し、目的通りの活動になっているか管理者は

常に関心を持って見ることがとても大切です。

6. もっとうまくいく安全活動

　管理者・監督者のみなさんは、安全最優先の職場を作りたい、働く人たちの安全意識を向上させたい、災害を少しでも減らしたい、と思っているでしょう。しかし、そのために何をすべきかわからない、どこまでやったいいのかわからない、やっているけれど効果が実感できないし、これでいいのかわからない。多くの管理者・監督者のみなさんはこのような気持ちや迷いを持っているのではないでしょうか。

　業務遂行とのバランス、人の数や、掛けられる費用とのバランス、現場の意識や雰囲気とのバランスなど、さまざまなバランスを保ちながら安全活動を行うのは簡単ではありません。著者はこれまで多くの職場を見て、そのような管理者・監督者の悩みを感じてきました。また、上司や安全管理部門の指示でやってはいるが現場の納得感がない、あるいは発注者から自分の職場の特性も考慮せず一律の活動を強要され、やるにはやっているが形だけになっている。こんな職場も数多く見てきました。

　本書ではそんなモヤモヤを持っている管理者・監督者のみなさんのために、現場に浸透しやすく、効果が期待できる16の安全活動 (**図1❶〜⓰**) の項目とその方法について解説します。必要最小限の活動でできるだけ大きな効果を目指す活動のやり方です。それぞれ読み切りとしましたので、必要な安全活動の部分だけ読んでいただいても理解できると思います。職場の安全活動に活かしていただければ幸いです。

第 1 章

設備や作業方法の
リスクを低減する

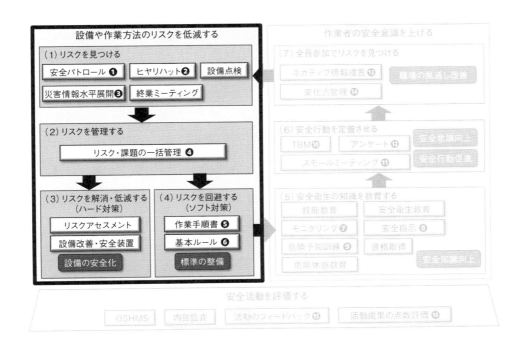

第1章 設備や作業方法のリスクを低減する

安全活動 1　管理者による対話型安全パトロール

1. 目 的

　管理者は日頃から安全パトロールを行い、職場に潜む不安全状態、不安全行動を見つけ、適切な処置や指導を行わなければなりません。しかし毎日見ていればいるほど、職場が当たり前の風景になってしまい、リスクや課題を見つけることが難しくなります。「うちの職場には危険はない、危ない行動をする作業者なんていない」と思いたい気持ちは理解できますが、安全パトロールでは、「大丈夫か？」という心配や疑問の気持ちを持って行うことが大切です。ここでは、安全パトロールで職場を見る視点、作業者との対話方法などについて解説します。

2. 不安全状態を見つける

　不安全状態を見つけるためには、まずどのような状態が不安全であるのかを認識しておく必要があります。安全に関する知識が必要になりますが、それをチェックリストとして作成することを推奨します。法定事項や、職場で作成した安全ルールなど安全パトロールを行う際に見るべき事項をすべて書いておきます。図1-1にその一例を示します。大分類と中分類という形で対象となる物や作業に分類し、それぞれの項目についてのあるべき姿、禁則事項などチェックすべき項目をまとめておきます。チェック事項は見るべき点が状態面なのか行動面なのか分類しておくと使いやすくなります。また、これをポケットに入る小冊子にして持ち歩けるようにしておくと、安全パトロールを行うときに便利です（図1-2）。

	大分類			中分類			チェック項目		☑
1	安全装置		1	垂直タラップ		1	行動	脚立設置場所は安定した場所か	
2	安全柵、通路		2	はしご		2	行動	開き止めを使用しているか	
3	ジグ・道工具		3	脚立		3	行動	天板上で作業していないか	
4	電気工具		4			4	行動	不安定な姿勢で作業していないか	
5	重量物		5			5	行動	天板を跨いで作業していないか	
6	脚立・はしご		6			6	行動	脚立に同時に2人以上乗っていないか	
7	重機・フォークリフト		7			7	状態	床面は水平か	
8	足場		8			8	状態	ぐらつきがなく安定しているか	
9	手押し台車		9			9	状態	開き止め、脚部に滑り止めがついているか	
10	クレーン・玉掛作業		10			10	状態	丈夫な構造か	
11	高所作業		11			11	状態	著しい損傷はないか	
12	危険物取扱作業		12			12	状態	著しい腐食はないか	
13	溶接・溶断作業		13			13	状態	足と水平面との角度は75度以上あるか	
14	機械取扱作業		14			14	状態	踏み面は安全に作業するための面積があるか（5cm以上）	
15			15			15	状態	等間隔の段になっているか（アルミ製は35cm）	
16			16			16			

図1-1　安全パトロールチェックリストの例

このチェックリストは安全ルール集という位置づけにもなります。あるべき姿、あってはならない状態などを記載してあるので、パトロール者が活用するだけでなく、作業者に配布すれば正しい状態や正しい行動を教える教材にもなります。

パトロール者にとって見慣れたの風景となっている職場からリスクや課題を見つけるのは容易ではありません。チェック

図1-2　安全パトロールチェックリスト小冊子

リストを携えていても、チェックすべき事項は膨大な範囲にわたり、1回の安全パトロールですべてをチェックすることは困難です。安全パトロールでリスクを効果的に抽出するためには目的を絞って行うとよいでしょう。今日は墜落の危険個所を中心に見てみようとか、今回は安全柵に作業者が侵入できる隙間がないか確認しよう、など視点を限定して行うのです。安全パトロールでは**「見たいものしか見えない、見ようと思ったものしか見えない」**と考えるべきです。見よう、見つけようという強い意志がなければ安全パトロールは単なる散歩になってしまいます。

3. 不安全行動を見つける

安全パトロールで不安全行動を見つけるのは容易ではありません。なぜならばその行動は瞬間的に行われるからです。しかし、状態を見るだけでも不安全行動を想像することはできます。不安全な動線で移動していないか、無理な姿勢で作業していないか、何をしたらこのような状態になるのだろうか、自分だったらどうやるだろうかなど、想像力を駆使して不安全行動を誘発する状態、あるいは不安全行動の痕跡を見つけることができます。

(1) 不安全行動を誘発する状態を見つける

① **操作スイッチが汚れたり、消えたりして表示が見えない状態**
　　→間違った操作をしてしまうかもしれない

② **吊り具・手押し台車などに定格荷重が表示されていない状態。薬品・資材に品名が表示されていない状態**
　　→間違ったものを使ってしまったり、定格荷重を超過して道工具を使用してしまったりするかもしれない

③ 押し間違いをしやすそうな操作ボタンの配置状態（ボタンの左右と現物が逆など）
　→ぼんやりしていたら操作ボタンを誤って押してしまうかもしれない

④ 表示ランプなど作業で確認すべき表示等が、作業する場所から見えにくい位置にある状態
　→表示等を確認せずに作業を行ってしまうかもしれない

⑤ 設備が稼働状態なのか停止状態なのか、見た目だけでは判断できない状態
　→間欠自動運転中、たまたま停止している状態の自動運転範囲に入ってしまうかもしれない

⑥ 立ち入り禁止場所を囲う安全柵がない、あるいは安全柵に切れ目がある状態
　→決められた処置を行わずに立ち入り禁止場所に入ってしまうかもしれない

⑦ 通行すべき安全通路が通れない、あるいは狭い、暗いなど通行しにくい状態
　→安全通路を通らず、危険なルートを通行してしまうかもしれない

⑧ 上がりたい・下りたい場所の近くにタラップなどの昇降設備がない状態
　→よじ登ったり、飛び降りたりしてしまうかもしれない

⑨ 作業位置のそばに停止スイッチがない状態
　→スイッチを切らずに作業を行ってしまうかもしれない

⑩ ストッパーやロックピンなどが壊れたり、変形していて使えなかったり、重くて扱いにくそうな状態
　→使用すべき時に使えない（使わない）かもしれない

⑧近くにタラップなどの昇降設備がない状態

⑪ フルハーネス型墜落制止用器具（以下、フルハーネス）を使用すべき高い場所にフックをかける場所（親綱）がない状態
　→フルハーネスを使用せずに作業を行ってしまうかもしれない

⑫ 作業場所が湿度の高い状態
　→保護めがねが曇ることもあるので保護めがねをつけずに作業してしまうかもしれない

⑬ 道工具が破損して機能しない状態
　→使用中に破損した道工具でケガをしたり、壊れ

⑬留め具がかからない脚立

ているから使用せず、間に合わせの物を使ってしまうかもしれない

⑭ **自作の道工具、吊り具、ラック等の工作物**
　→自作の工作物は、強度や安定性など機能の信頼性が保証されていない場合があり、使用中に破損したり、曲がったりして危険な作業になるかもしれない

⑮ **作業場所から遠いところにある道工具置き場**
　→正しい道工具を使わずに、間に合わせの物で作業してしまうかもしれない

⑯ **資材や道工具などが稼働ラインや立ち入り禁止区域内に置いてある状態**
　→それを取りに行く時、スイッチを切らずに稼働範囲に入ってしまうかもしれない

⑰ **ラックなどに収められているが、重量物や異形物の出し入れの方法がわからない状態**
　→無理な姿勢で出し入れしたり、クレーンやホイスト、フォークリフトを誤った方法で使用したりしてしまうかもしれない

⑱ **高所にあるバルブやスイッチ**
　→操作する時、墜落するかもしれない

⑲ **踏み台や脚立が高所にある安全柵のそばにある状態**
　→踏み台に乗った時に、安全柵を越えて墜落するかもしれない

⑲なぜここに踏み台が…?

(2) **不安全行動の痕跡を見つける**

① **安全柵、危険な場所に足跡がある状態**
　→安全柵をよじ登ったり、入ってはいけないところに入ったりした可能性がある

② **何かが当たって凹んだ設備や安全柵、フォークリフトの車体に付いた傷、床に何かを引きずった跡**
　→何かをぶつけたり、無理な力を加えたりするなど、不安全な行動や、危険な作業を行った可能性がある

③ **はしごや脚立が上ってはいけないところにある状態**
　→はしごや脚立を使って上った可能性がある

④ **重量物がクレーンの稼働範囲外においてある状態**
　→重量物を人力で運んだり、クレーンで引きずったりした可能性がある

⑤ **フォークリフトのパレット上に不安定な荷姿で物が置いてあったり、運搬可能な重さ以上の物が置いてあったりする状態**
　→不安定な状態のままフォークリフトで運搬してきたり、定格荷重以上のものを運搬して

きたりした可能性がある

⑥ **触ってはいけない場所がピカピカしてすり減っている状態**
　→ピカピカしている部分は、日常的に触っている痕跡であり、本来触れてはいけないところに触れている可能性がある（安全カバー、回転体など）
　→常にその部分を持って体を支えたり、設備に昇降したりしている可能性がある

⑦ **部分的に塗装が剥げている状態**
　→剥げているところに常に物を置いたり、乗ったりしている可能性がある

⑧ **日常的に触っていなければならないところがピカピカしていない状態**
　→日常的に触れていない証であり、守るべきことが守られていない可能性がある（プレスの両手スイッチ、階段の手すり、正規の出入り口扉の取っ手など）

⑨ **安全装置が使用した痕跡のない状態**
　→安全装置を使用せず作業を行っている可能性がある（ほこりをかぶったロックピンやストッパー、電源を切られたライトカーテン、操作した痕跡のない安全スイッチなど）

⑧ほこりをかぶったままの手すり

⑩ **無効化用の物が安全装置のそばにある状態**
　→日常的に安全装置を無効化している可能性がある（両手スイッチの横にあるスイッチ固定用のガムテープ、近接スイッチのそばにある金属板、光センサーそばにあるウエス、南京錠のそばにある鍵、閉鎖してある鎖の一部が針金でつないである など）

⑪ **スイッチがテープや物で固定してある状態**
　→スイッチのモーメンタリ動作（押している時だけOnとなる動作）を無効化して使用している可能性がある

⑫ **南京錠が掛けてあるが開いたままの状態**
　→南京錠で管理すべき立ち入り禁止場所に自由に出入りしている可能性がある

⑬ **不適切な状態の保護具。使用すべき場所に所定の保護具がない状態**
　→不適切な保護具を使用している、あるいは保護具を使用せず作業を行っている可能性がある

⑭ **道工具の不適切な部分が摩耗した状態**
　→道工具を目的外の用途に使用した可能性がある（背面が摩耗したスパナ、先端が曲損したドライバー、端部がねじれている金尺、砥石の側面が減耗しているグラインダー

など)

⑮ 破れた手袋、焦げている耐熱服、破損したヘルメットなど、損傷した保護具の状態
　→危険な作業を行ったか、作業に失敗して危険な状態になった可能性がある

⑯ その場で使うはずのない道工具が置いてある状態
　→その道工具を使って、標準外の作業を行った可能性がある

⑭先端が曲損したドライバー

⑰ 安全柵を固定しているボルトが緩んでいる、付近にボルトを回す工具が置いてあるなどの状態
　→安全柵を外して出入りしている可能性がある

⑱ スマホや灰皿が使用を禁止している場所に置いてある状態
　→運転しながらスマホを操作したり、喫煙しながら作業をしたりしている可能性がある

⑲ 壁や設備に付着するはずのない物が付着している状態
　→標準外の作業によって、危険物などを飛散させる作業が行われた可能性がある

このような視点で現場を観察し、状態を見て違和感を持ったら作業者に聴いてみましょう。とんでもないことを発見してしまう場合があります。また、それを繰り返し行うことによって、想像力も養われていきます。

4. 不安全行動はその要因を確認する

　安全パトロール中に不安全行動を確認したら、その指導を行わなければなりません。ただ、不安全行動を見つけたからといって、いきなり指導したり叱ったりするのではなく、そのような行動に至った理由を尋ねるようにしましょう。不安全行動やルール違反行為には何らかの理由があるはずです。

　図1-3にはケガに至る作業者の心のリスクをハインリッヒの法則のようにイメージしました。ケガに至る直接要因には不安全行動やルール違反、仕事の失敗などがあります。直接要因である不安全行動やルール違反は、やりにくい、やりたくない、早く終わらせたい、イライラする手順であるなど、作業者の心の中のリスクが間接要因となっている場合が多いのです。

　ケガをなくすためには、不安全行動を少なくすること、そして不安全行動を少なくするためには作業者の心の中のリスクを少なくすることが必要であるということです。不安全行動

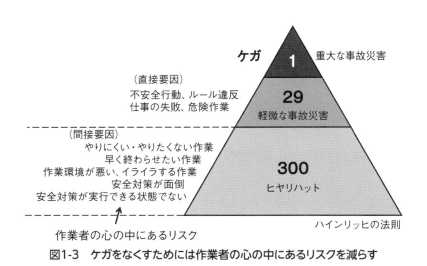

図1-3　ケガをなくすためには作業者の心の中にあるリスクを減らす

行った人にその理由を尋ねるのは、心の中のリスクを確認することに他なりません。「言い訳をするな」と叱るのではなく、言い訳を語ってもらって、その要因をなくすことが不安全行動をなくすことにつながり、ひいてはケガをなくしていくということになります。

5. 内容に応じた指摘や指導を行う

　安全パトロールで指摘や指導すべき不安全状態、不安全行動を見つけたときは、見て見ぬ振りをせず必ず声を掛けることが必要です。ただ、不安全な状態や行動にも濃淡があり、絶対にあってはならないものと、見て見ぬ振りをしたくなるような些細なものまでいろいろであり、同じレベルで指導すると、現場の納得感も得られにくくなります。指導にも濃淡をつける必要があります。

(1) 絶対にあってはならない不安全行動やルール違反を見つけたとき

　重篤な災害につながりかねず、あってはならない状態ですので、すぐに作業を中止させ、指導をしなければなりません。まず、その作業者にその行為を危ないと思っていたか、安全のルール違反であることを知っていたかどうか確認しましょう。その上で、なぜその行為に至ったのか理由を尋ねましょう。先にも述べましたが、その理由（言い訳）の中に不安全行動の要因があるはずです。理由如何によってはその要因を排除しなければなりませんし、理由が理由になっておらず、容易に正しい行動ができたはずであると思えるときは、ルールの意義、過去災害の惨状、結果の恐ろしさなどを伝え、行動を改善してもらう必要があります。

(2) 些細な不安全行動・ルール違反を見つけたとき

　実は、些細な不安全行動やルール違反を見つけたときがパトロール者にとって最も難しいときと言えます。一応やってはいけないことにはなっているが、それほど危ないと思わない、代替案として安全に行う方法が思いつかないなど、指摘するかどうかで迷うケースも時にはあるでしょう。

　しかし、そのような場合でも気づいたことについては必ず伝えましょう。改善を求めるためだけではなく、自分が感じたリスクを作業者も認識しているかどうかを確認するためです。災害の多くは、管理者も作業者も気づいていなかったリスクがきっかけで発生しています。言い換えれば多くのケガはノーマークのところで発生するということです。リスクをリスクとして感じてさえいれば、人はどこか意識の中で気をつけるものであり、気をつけてさえいれば災害には結びつきにくいと考えられるためです。「これ、良くない状態だけどわかっている?」「この作業、厳密にはルール違反だけど知っていた?」という問い掛けを行うのです。もし、作業者が認識していたら、「では気をつけてやってください」という形で終わっても良いと思います。一方、不安全な行動やルール違反行為であることに気づいていなかったら、それを伝えて認識してもらうことが必要です。些細なことであってもパトロール者はおかしいと感じたら必ず声を掛けることが必要です。

6. 不安全行動は「P・P・N・P」で指導する

　不安全行動を見つけたとき、パトロール者によっては厳しく指導する人、諭すように指導する人さまざまであり、自分の得意な方法で、いろいろなやり方があって良いと思います。ただ、いずれの場合も、作業者に対する尊敬の気持ちをベースに、仕事をしてくれていることに対する感謝の気持ちを持って接することが大切です。

　不安全行動を指摘するときも、伝えたいことを腹落ちさせるためには「P・P・N・P」の流れで指導することを推奨します。ここでP・P・N・Pとは、Pはポジティブ（相手に対する肯定的な言葉）、Nはネガティブ（良くないことを指導する）を指し、以下のような流れで指導をすることを言います。

　　　P：相手にとって心地良い話し掛けでこちらを向いてもらう
　　　P：相手の良いところを褒めて、こちらの話を聴こうという気持ちになってもらう
　　　N：必要な指摘、指導、助言などを伝える
　　　P：肯定的なコメントで指導内容を心に刻んでもらう

　最初のP・Pでパトロール者の話を聴こう、対話しても良いという気持ちになってもらい、それからNで指導すべきことを伝えます。最後はリスペクトの言葉Pでまとめ、これからも正し

> 【P・P・N・P指導の例】
> （作業中に通行禁止の場所を通って道具を取りに行った行為を見つけたときの指導）
> 　P：ここはとても暑いですね。暑い中大変なお仕事お疲れ様です。
> 　P：今、作業を少し見せてもらいましたが、ものすごく細かに丁寧な仕事をされていますね。感心しました。
> 　N：ところで、さっき道具を取りに行ったとき、あそこを通行しましたが、あの場所は通行禁止になっていますよ。知っていましたか？ 正しいルートで行けませんでしたか？
> 　（この後、回答、さらに質問、などいろいろなやり取りで指導）
> 　P：○○さんのような腕の良いベテランの仕事を若者にも見習ってほしいと思っています。安全面でもみんなの模範になってあげてくださいね。

く行動しようという気持ちになってもらうというものです。

7. 対話型安全パトロールでリスクを見つける

　職場のリスクや課題は顕在化しているものばかりではありません。多くの災害は、急いでいたから手を抜いた、面倒だったからルールを守らなかった、そもそもルールを知らなかった、イライラしていたなど、作業者の心の中にあるリスクが要因で発生しています。心の中のリスクを抽出するためには作業者との対話が欠かせません。ただ、作業者にそのリスクを教えてくださいと言っても簡単には教えてもらえるものではありません。何気ない対話の中でそれを引き出す必要があります。作業者との対話は以下のように進めると良いでしょう。

⑴ あいさつと雑談

　自分がここに来たことを明確に示すためにも、まずは元気に「お疲れ様」、「ご安全に」とあいさつをしましょう。作業者に話し掛けることができる状態であれば、何気ない雑談から入りましょう。このとき、今日も頑張っているね、暑い中お疲れ様、のような作業者に対するねぎらいの言葉、感謝の言葉が良いでしょう。

⑵ 作業者に問い掛け

　安全パトロールで対話をすると言っても、「安全ルールを守ってください」のような当たり前のことを伝えるだけであったり、「危険だと思うことはありませんか？」など、YESかNOで回答が済んでしまったりするような問い掛けだけでは不十分です。話がそこで終わってしまうからです。心の中のリスク、作業者にしか知り得ない作業のリスクを聴き出すためにも、まずは回答しやすい質問から入りましょう。具体的には以下のような質問が考えられます。

① 「何をしているのですか? この作業は何ですか?」

　この質問は、自分が行っていることを話すだけですから、作業者にとって非常に回答しやすい質問です。回答されたら、さらに作業の目的や所要時間、指示した人、使用する道工具など質問のやり取りをしていくと、意外な不安全行動や職場の課題が発見できる可能性があります。

② 「これはどのようにやるのですか?」

　これをどのように運ぶのか、どのようにこの状態にしたのかなど、作業方法が思いつかない状態や、危険な手順を踏まなければできないと思えるような状態を見つけたときに有効な質問です。見た目に違和感を持っても、説明を受けた結果、納得できる方法を教えてもらえたらそれを褒めることができます。違和感通りの危険作業であればリスクが抽出できたことになります。

③ 「これは何ですか?」

　よくわからないものがあったら、その使い方、目的などを聞いてみましょう。また、道工具など、なぜこれがここにあるのか疑問に思ったときにも使うことができる質問です。管理者が想定していない作業などを発見できる場合があります。

④ 「この作業で最も難しいところ、最も危ないと感じるところはどこですか?」

　作業を観察して、こんなところが危ないと思ったら聞いてみる質問です。パトロール者が危険であると思ったことを作業者も同じように感じていれば、それなりに気をつけて作業をしているはずですので、その作業でケガをする可能性は低いでしょう。一方、作業者がそれに気づいていなければ、パトロール者が感じたリスクを伝えて、それに気をつけて作業を継続してもらいましょう。

⑤ 「もし、この職場でケガをするとしたら、どこで何をしているときですか?」

　作業者は自分が作業中にケガをするなどということを考えていなければ、即答できないかもしれません。ただ、この質問ではそれを想像させることによって危険感受性を高めてもらう効果があり、同時に、その回答がパトロール者の知り得ない作業であった場合はその詳細を確認し、改善に結びつけることができます。

⑥ 「あの件について教えてください」

　作業をしている人に何気なく話し掛けるのではなく、用件を作って話し掛ける方法です。作業者から報告されたヒヤリハット(安全活動2参照)やネガティブ情報提言活動(安全活動13参照)などを通じて管理者が知ったことについて、さらに詳しく教えてもらうことを目的とした問い掛けです。実は、この問い掛けが安全パトロールにおける対話で最も楽な問い掛けです。作業者と対話をしようと思っても、忙しそうに作業をしていたらなかなか問

い掛けるきっかけがつかめないこともあるかもしれません。仮に問い掛けができたとしても、作業の手を止めるわけにもいかず、話も盛り上がらず終わることもあるでしょう。しかし、「あの件について教えてください」という問い掛けは、聞かなければならない用事があるわけですから、自然に対話に引き込むことができます。

　個人別に、次にあの人に会ったらこの話題で話し掛けよう、という準備をしておくのが良いでしょう。

このような質問と回答のやりとりの中から、作業者が思っていることや、無意識に行っている危険な作業などを引き出すのが対話型安全パトロールです。

8. 正しいことができていることを褒める

　現場ではほとんどの人が正しい手順、正しい方法で作業を進めています。正しい行動を定着させるためにも、パトロール者はできていることを言葉にして相手に伝えましょう。状態や行動に対して標準より高いレベルであれば褒め、標準通りでなければ指摘や指導をするでしょう。これに加えて、標準通りの普通の状態や行動であってもそれを褒める、承認するということです（**図1-4**）。「きちんとフルハーネスを使っていますね」、「指差呼称で確実に確認していますね」などの声掛けです。

　相手はそれを当たり前だと思うかもしれませんが、「自分のことを細かいところまで見て評価してくれている」ことを感じてもらえます。正しい行動をパトロール者の言葉で確認してもらうことにより、これからも同じように正しく行動しようと思ってもらえます。

　また作業を学んで間もない新人作業者にとっては、このような声掛けで、自分の作業や行為の正しさを再認識できます。正しい状態や行動は当たり前ではなく、すばらしいことであると思って言葉にすることを心掛けたいものです。

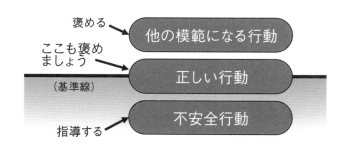

図1-4　正しい行動を言葉で褒め定着させる

9. 安全パトロールを記録する

　安全パトロールでは、必ず記録を残しましょう。安全パトロールの記録は事業場や職場のリスクや課題の宝庫となり、うまく残せば過去を振り返る材料にもなります。記録した内容から作業者の安全行動の変化や職場の安全水準の向上を確認することもできます。見つけたリスクや課題をあとから整理しやすくするために、安全パトロール記録の様式は職場単位で統一することをお勧めします。安全パトロールの記録様式の事例を（**図1-5**）に示します。

　安全パトロールで行った、指摘事項や褒めた内容、さらには単に対話した内容も、見聞したことはできるだけすべて記録に残すことがポイントです。記録を残すことで、その場にいなかった関係者にもその状況や対話内容を共有してもらうことができる上、安全パトロール者の思いを関係者に伝えることもできます。関係者が心を1つにして職場の安全水準向上に取り組むベースとなります。

安全パトロール記録

パトロール名	課長安全パトロール
日　時	12月13日（火）13:00～14:00
パトロール者	朱宮、佐野
パトロール場所	製品出荷倉庫

工場長	部長	課長	係長

内容	対話相手	対話区分	対応（対策・周知 他）	対応担当	確認
倉庫入り口の扉が一部破損しています。直してください。	安藤	指摘	1月の定期修理日に補修を依頼済み。それまでは注意喚起の表示	田中	リスク一覧表に登録
フォークリフトを走行範囲外で走行。走行範囲を守るか、作業計画を見直してください。	山本	指摘	フォークリフト台数増加により発生したもの。作業計画を見直し済み	砂川	12/20作業計画見直し完了
製品の玉掛け作業で、玉掛け者の杉田君は非常に明確な合図をしていました。GOOD！	杉田	褒め	若手の手本となるようがんばります	-	-
新たに出荷する異形製品の置き方について良い置き方がないか対話しました。	小林	対話	パレットの形状変更で対応予定	高橋	リスク一覧表に登録
新人の横更君に脚立の正しい使用方法について指導	横更	対話	脚立の使用基準を見直し予定	高橋	1月中に見直し予定

（工場長コメント）
パトロールお疲れさま。今月から出荷量が増加し、フォークリフトの運行が多くなっています。運転者は作業者、通行人に注意してください。フォークリフトの範囲外走行をやむを得ず行う場合は、誘導者を付けて運行するようお願いします。

図1-5　安全パトロールの記録例

安全活動1「対話型安全パトロール」のまとめ

1) 安全パトロールでは、見たいものしか見えない、見ようと思ったものしか見えません。安全パトロールでは目的と意思を持って行いましょう。

2) 不安全行動を直接見なくても、状態を見て行動を想像し、不安全行動の痕跡を見つける眼力を養いましょう。

3) 安全パトロールでは対話を通じて作業者の心の中にあるリスクを引き出しましょう。

4) リスクを認識していれば、そのリスクでケガはしにくいものです。リスクや不安全行動が些細であると思っても必ず声を掛けましょう。

5) 不安全行動を指導するときは「P・P・N・P」の流れで指導しましょう。大切なのは指導内容に対する作業者の納得感です。

6) 正しい安全行動を当たり前と思わず、すばらしいと思って肯定し承認の言葉を掛けましょう。

第1章 設備や作業方法のリスクを低減する

安全活動 2　危険な出来事を共有するヒヤリハット報告

1. 目的

　ヒヤリハットとは災害には至らなかったものの、それに直結する一歩手前の出来事を指します。災害になっていないので本来表面化しませんが、同じようなことが発生したときに災害にならないように、ヒヤリハットを経験した人がそれを報告するのがヒヤリハット報告活動です。

　1930年代のアメリカの保険会社に勤務するハーバート・ウィリアム・ハインリッヒは、労働災害5,000件余を統計学的に調べ、重篤な災害1件の背後には、29件の「軽傷」を伴う災害が起こり、300件のヒヤリハットがあると分析しました。これをハインリッヒの法則と言います（図2-1）。重篤な災害をなくすためには、ヒヤリハットを減らすことが必要であるということを示唆しています。

　全員が参加してヒヤリハット報告を行うことは、職場のリスクを抽出して改善するだけでなく、一人ひとりの安全意識を高めることも期待できます。ここではヒヤリハット報告活動の方法と活性化のポイントについて解説します。

図2-1　ハインリッヒの法則

2. ヒヤリハット報告の意義

　作業中にヒヤリとした出来事があり、たまたま自分はケガをしなかったが、同じようなことが同僚の作業中に起こったらケガに至るかもしれない。その出来事をヒヤリハット報告によって情報共有することで災害は未然に防止できます。例えば以下のような事例が考えられます。

- 加工機械が思わぬ動きをして手を挟まれそうになったのでヒヤリハット報告を行った
  - → 調べてみたら、回路に不備があり、めったに発生しない条件が重なると、機械が異常作動することが判明し、回路の修正を行った。
- 製品をフォークリフトで運搬中、荷物が落ちたのでヒヤリハット報告を行った
  - → 調べてみたら、通常通らないルートを通っており、そこには数センチの段差があった。段差を埋めるとともに、作業手順書にルートを明記し、個人の判断で勝手にルートを変えないことにした。

3. 活動方法

(1) ヒヤリハット報告様式を定める

　いつ、どこで、何をしているときにどのようなことが起こったのかという事実と、考えられ

ヒヤリハット報告書

	課長	係長	班長	報告者

日時	2024年11月11日　（月）　15時30分頃		
場所	No.3 加工機付近	報告者	小林
何をしていたとき　どうなった		概要図	
トラブル対応作業を行っていたとき、道具を急いで取りに行くため通路を走っていたら、設備の陰からフォークリフトが突然出てきてヒヤリとした。		No.3加工機	
発生原因	・通路を走っていてフォークリフトに気がつかなかった。 ・フォークリフトが一旦停止しなかった。 ・通路からフォークリフトのルートが見えにくかった。		
再発防止策	・カーブミラーを設置する。 ・通路を走らない（走らないことを看板で注意喚起する）		
管理者コメント	・トラブル対応の場合も安全最優先で落ち着いて作業をすること。 ・カーブミラーは早急に設置します。	フォロー ㊀要・不要	

図2-2　ヒヤリハット報告書様式事例

る原因と対策を記入する報告様式を定めましょう（**図2-2**）。読む人の理解が深まるよう、図や写真も記載できるようにしておくのが良いでしょう。また、報告を受けた管理者がどう感じ、それを受けて何を行うのかを表明したり、現場に対する指示事項などを記載したりできるコメント欄を設けることも推奨します。

　ヒヤリハットの内容もさまざまだと思います。設備対策や作業手順の見直し等の対策が必要なものについては、その対策が忘れ去られないように印をつける欄（フォロー欄）も設けておくのが良いでしょう。

(2) ヒヤリハットを報告してもらう

　ヒヤリとした出来事を経験したときに、できるだけ早くヒヤリハット報告として提出してもらうことが基本です。ただ、どの程度以上の出来事からヒヤリハット報告すべきなのかという疑問が生じてくることもあるでしょう。報告してもらう出来事のレベルは、業務の特性やメンバーの構成にもよりますので各職場で決めることになりますが、「災害防止のために同僚にも知っておいてもらった方が良い出来事」とするのが一般的です。

(3) ヒヤリハット報告内容を周知する

　報告されたヒヤリハットは、職場の朝会、ミーティングなどの機会を活用して作業者を含む関係者全員に周知しなければなりません。その中でも特に周知が必要なヒヤリハットについては職場検討会などを開催して内容を浸透させることもできます（**図2-3**）。職場で行う検討会では、ヒヤリハットの内容を全員で確認し、自分たちなりに原因と対策を話し合い、自分はこうするという安全宣言を行うと良いでしょう。また職場で行うべき設備改善やルールの制定などの対策を提言してもらっても良いでしょう。

(4) 設備や作業方法の安全対策を行う

　再発防止が特に必要なヒヤリハットに対しては、設備対策や、作業手順の見直し、作業環境の改善、職場の安全ルールの制定などの対策を行う必要があります。ただ、すぐに実施できない対策についてはリスク一括管理表（安全活動4参照）に記載して管理し、対策を行わないまま放置しないようにしなければなりません。

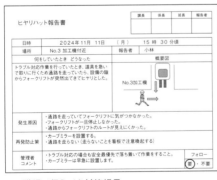

図2-3　ヒヤリハット検討会記録事例

4. ヒヤリハット報告の活性化

ヒヤリハットは多い方が良いか、少ない方が良いかということを議論されることがあります。ハインリッヒの法則の視点で考えれば、ヒヤリハットを減らすことによって重篤な災害も減少することになるので少ない方が良いと考えられます。しかし、ヒヤリハットを減らすためには起こった出来事を報告してもらわなければ始まりませんので、報告は多い方が良いということになります。

それではなぜ、ヒヤリハット報告は現場からなかなか上がってこないのでしょうか。恐らく、書く（報告する）のが面倒、対策が思いつかない、報告したら対策まで自分でやらされそう、自分の不安全行動が起因なので報告したら叱られるかも、どうせ報告しても何も変わらないなどヒヤリハット報告をためらうさまざまな理由が考えられます。

そこで、ヒヤリハット報告活動を活性化させるための方法について以下に紹介します。

⑴ 対策を求めない

報告者に原因と対策を求めないという方法です。原因と対策は後からみんなで考えるので起こったことだけ教えてくださいとするのです（**図2-4**）。原因と対策を報告者に求めると、原因がわからない場合、対策が思いつかない場合は報告そのものをためらうことになるかも

ヒヤリハット報告書

課長	係長	班長	報告者

日時	年　　月　　日　（　　）　　時　　分頃		
場所		報告者	
何をしていたとき　どうなった		概要図	

管理者コメント		フォロー
		要　・不要

図2-4　原因と対策を求めないヒヤリハット報告書事例

しれません。ヒヤリハットの最も大切な目的は、ヒヤリとした出来事を共有することですので、その部分だけの報告を求めるという考え方です。

(2) 報告しやすくする

報告しやすいようにするためには、「1行ヒヤリハット報告」という方法もあります（図2-5）。起こった出来事を所定の様式に1行で書いてもらうのです。気軽に書くことができれば、些細な出来事も上がりやすくなり、職場のリスクや課題など負の情報が飛び交う風通しの良い職場になることも期待できます。

さらに、報告を紙に書くのではなく、スマホのアプリや共有サーバーを活用して報告する方法もあります。写真なども簡単に添付でき、情報共有を円滑に行うことができます。

(3) 想定ヒヤリハット

実際にヒヤリとした出来事がなくても、ここでこんなことが起こるかもしれないと気づいたり感じたりした場合も、ヒヤリハット報告をしてもらう方法です。例えば、この階段は急なので下るとき転落するかもしれない、ここにカバーの隙間があり、機械を調整するときに手が入り挟まれるかもしれない、工具置き場から工具を取り出すとき誤ったものを取り出してしまうかもしれない、などです。

ヒヤリハット報告を想定事項まで拡大すると、職場内の不安全状態、設備や道工具の不具合、作業手順に関する課題など、多岐にわたるリスクや課題が上がってくることになります。作業者が経験した出来事ではないので本来の目的を逸脱しているようにも見えますが、ヒヤ

○○職場11月度ヒヤリハット報告

No.	月日	時間	場所	報告者	何をしていたとき どうなった	管理者コメント
1	11/1	15:00	倉庫出口付近	佐野	棟内歩行中、倉庫の外壁が落下してきて当たりそうになった	修理依頼します
2	11/4	13:30	No.6梱包機	朱宮	梱包機の非常停止をかけたが停止せず、手を挟まれそうになった	対策されるまで使用禁止とします
3	11/7	8:20	製品置き場	小林	製品の積み出し作業中、製品の3段目がずれて落ちそうになっていた。	積み上げたときの状況を確認します
4	11/7	10:40	フォークリフト	高川	フォークリフトで資材の運搬中、雨でブレーキの効きが悪く積み荷が落ちそうになった	ブレーキの点検を行います
5						
6						
7						

図2-5　1行ヒヤリハット報告様式事例

リハット報告活動を通じて現場からリスクを提言してもらうという点では大きな意味があります。

(4) ヒヤリハット報告の義務化
　前述の想定ヒヤリハット報告は自分自身に起こった出来事ではなく、見つけた状態を報告するわけですから報告のハードルは低くなります。想定ヒヤリハット報告はある意味危険感受性を磨く訓練であると言えます。ヒヤリハット報告の目的の中に訓練を含めるのであれば報告を義務化するという考え方も生まれてきます。毎日の作業の中で問題がない日などあり得ません。例えば全員に毎月1件は報告することを義務づければ、作業の中にあるリスクや問題点を見つけようとする行為につながり、安全感性が高まることも期待できます。
　ただ、ヒヤリハット報告を義務化すると、転倒しそうになった、滑りそうになったなど、当たり障りのない内容が多くなってきます。そうなると訓練の効果も期待できず、書く手間と労力だけがかかる形骸化した活動になってしまいます。このような状況を防止するためには以下に示しますが、管理者の姿勢が大切になります。

(5) ヒヤリハット報告に対して叱らない。褒める
　ヒヤリハット報告の内容が仮に本人の安全ルール違反、不安全行動、勘違い・思い違い、手抜きなどが要因になっていたとしても、報告されたことについてけっして叱責したり非難したりしてはなりません。一度叱責したら、二度とヒヤリハットを報告してくれなくなります。管理者は報告に対して常に感謝の気持ちを持ち、どのような報告であっても報告者を評価する姿勢が大切です。

(6) 報告内容は管理者が必ず確認する
　ヒヤリハット報告を報告させるだけで放置したら、本来の目的を達成できないばかりか、報告そのものが減っていきます。ヒヤリハット報告を確実に読んで、必要に応じて、報告者と一緒に現場を見に行くなど、読んでいる、見ている、受け止めているということを報告者にわかるようにしなければなりません。
　職場の安全文化を構築するためには、現場からの自発的な報告を大切にしなければなりません。ヒヤリハットに限らず現場からさまざまな情報が報告され、情報共有されることによって安全文化が構築されていくということです。しかし、現場から上がってきた情報を受け取っているだけでは情報共有とは言えず、受け取った管理者も現場に情報を返さなければなりません。ヒヤリハット報告に対してそれをどう活かすのか、どう返すのか、管理者は自身の本

気度でこの活動の成否がわかれると認識しなければなりません。

安全活動2「ヒヤリハット報告」のまとめ

1) ヒヤリハット報告は現場からの大切な情報です。上げやすいよう工夫して、たくさん上げてもらいましょう。
2) ヒヤリハット報告をしてくれた人を褒めましょう。そして、報告された現場を報告者とともに見に行きましょう。
3) ヒヤリハット報告は現場からの自発的な報告です。自発的な報告が活発に行われる職場は、風通しが良い職場です。管理者はヒヤリハット報告に対して真摯に対応することで、風通しの良い職場を作っていきましょう。

第1章 設備や作業方法のリスクを低減する

安全活動3　類似災害防止のための災害情報の水平展開

1. 目 的

　他の職場で発生した災害の中には、自分たちの職場にも類似のリスクがある場合があります。他職場の災害事例を学び、自職場にある類似のリスクを洗い出し、その対策を水平展開することによって災害の未然防止を図るのが水平展開活動の目的です。ここでは災害情報の水平展開活動の効果的な方法について解説します。

2. 災害報告書の作成

　災害情報の水平展開活動を意味のあるものにするためには、まず災害報告書を他職場でも活用しやすい形にすることが大前提です。災害情報が他職場の人にもわかりやすいように、簡潔にまとめなければなりませんが、必要な情報を漏れなく記載できるよう一定の様式を定めておくことが大切です（図3-1）。

　災害報告書に記載すべき事項は、日時、場所、被災者（氏名は伏せた方が良い）、所属・役職、被災程度、作業経験年数など客観的な情報に加え、発生した状況は時系列順に表現することが必要です。さらに原因と対策を記載する場合は、それぞれ「人・もの・しくみ」の3つの視点で記載することによって、災害の本質的で幅広い問題点をより明確に表現することができます。

　なお、災害報告書には被災者やその上司の反省の弁などを書く必要はありません。災害報告書は関係者に反省を求めるためのものではなく、あくまでも客観的な事実を周知し、他職場にも水平展開してもらうためのものだからです。災害報告書は反省文書でもなく始末書でもないと考えてください。

3. 職場に水平展開すべき災害情報の選択

　他職場の災害報告書を受けた管理者は、それを自職場で周知、対策などの水平展開をするか否かを決定します。その際、やるに越したことはないという考え方ですべて現場に周知し水平展開することは避けるべきです。現場に災害情報があふれて、本当に水平展開すべき事項が薄れてしまう恐れがあるからです。

　水平展開を指示された職場の中には、自分のところで起こした災害でもないのに、面倒なことをやらされるかもしれないと心配する人がいるかもしれません。「こんな不安全な人間はうちの職場にはいない」、「こんな場所はうちにはない」、「似たような設備はあるが、型式が

休業災害報告書

2024年11月5日
安全管理課

日 時	2024年11月1日（金） 16:30	作業区分	製品移動作業（定常作業）		
場 所	No.3製品倉庫				
被災者	所属	製品管理課	役職	一般	勤続	1年7カ月
	性別	男性　A氏	年齢	20歳	作業経験	1年2カ月
傷病名	左手第1指骨折		休業見込	7日		
概 要	製品のクレーン玉掛け作業中、荷を吊り上げた製品とワイヤの間に指を挟まれる					

発生状況	8:20　職場全体で始業ミーティングを行った。 8:40　被災者Aは倉庫内の製品の配替え作業を開始した。 9:40　製品Dの緊急出荷要請が出たため、被災者Aは班長Bから製品D 　　　（重量350kg×12個）のトラックへの積み込みを指示された。 10:20　5個目の積み込み作業において、クレーンで製品を吊り上げようとしたところ、 　　　玉掛けワイヤが製品の中央側にずれそうになった。そのためとっさに手で 　　　修正しようとしたとき玉掛けワイヤと製品の間に指を挟まれた。

原因	人的	・吊り上げの停止指示をせず、玉掛けワイヤに触れた。 ・緊急出荷ということで焦りがあった。
	設備的	・当該場所に製品が高積みされており狭く、クレーン運転手から玉掛け者（被災者）が見えない位置であった。
	管理的	・被災者に対するクレーン玉掛け作業の教育・訓練が不十分であった。 ・緊急出荷要請を上司の許可なく受けた。

対策	人的	・クレーン玉掛け作業に関する再教育の実施 ・急ぐ作業においても変化点では危険予知を行うことの徹底
	設備的	・クレーン運転手から見えない位置を確認できるカメラとモニターの設置
	管理的	・他部署からの特別な要請は管理者が受け、現場に指示を出す連絡体制の構築

図	図・表・写真など
その他	（作業マニュアルの有無、職場ルールの有無、過去災害事例、その他災害の要因となる事項）

図3-1　災害報告書事例

違う」など、自職場との小さな違いを見つけては、自分たちには関係ないと思いたがるものと管理者は認識しなければなりません。必ず水平展開が必要と考える災害情報については管理者が強い意志を持って水平展開を指示しなければなりません。

なお、災害報告書からだけではわからない必要な情報があれば、管理者は災害発生職場の関係者や安全部門に質問することも必要です。報告書に書ききれなかったり、職場の人間関係や被災者個人の特殊事情など書けない事情があったりするかもしれません。教えてもらえるかどうかは別として聞いてみましょう。災害はそれらが大きな要因になっている場合もあります。

4. 水平展開の方法

災害情報の水平展開にもいろいろな目的があります。周知する程度で十分なものもあれば、徹底的に自職場の類似箇所を調査し対策しなければならないものもあるでしょう。以下に水平展開の例を紹介します。

(1) 災害報告書の周知

災害報告書の中には、その情報を周知する程度で良いものもあるでしょう。その際も、災害報告書を現場にそのまま配布・回覧するだけでなく、管理者が一言コメントを添えることを推奨します。それを受けた現場では、始業ミーティング等の時間を活用して管理者コメントとともに情報を周知します。

コメントの中には災害に対する管理者の受け止めや、報告書に書ききれていない周辺情報なども添えることで現場の理解や浸透が深まります。浸透しやすい一言コメントの書き方について以下に解説します。

【良くないコメント】

どの災害にも適用できるような一般論、正論は避けましょう。大切なことではありますが、現場の作業者にとってはすでに何度も聞いている当たり前の言葉であり、自分事となりません。

> 【災害報告書に対する管理者コメントの良くない例】
> ・同様のことが起きないよう安全最優先の作業をお願いします
> ・類似災害防止のため安全ルールを確実に守って安全確保をお願いします

【浸透しやすいコメント】

まず、冒頭で管理者がその災害をどう受け止めたのかを述べましょう。ここが問題であ

るという管理者の感想を知ることで、それに続く指示の理解が深まります。その上で1つか2つ箇条書きで指示します。

【浸透しやすい災害報告書に対する管理者コメント例】

例1
この災害は玉掛け作業の基本ができていないことが最大の問題です。
① うちの職場でも製品を塗装機に入れる際、吊り荷から十分離れた場所で作業してください。
② 2019年に当職場でも同様の災害が起こっています。今一度全員がその災害報告を見ておいてください。

例2
この災害は新人に対する教育不足が大きな要因であったと思います。
① うちの職場にも今年3人の新人が入っています。教えたことが身についているか各班長は都度確認するようにしてください。
② 入社1年未満の人は、わからないことがあれば自分で判断せず、必ず班長に聞いてから作業を行ってください。

例3
この災害は終業間際の気の緩みが要因ではないかと感じます。
① 終業1時間前には5分で良いので全員が集まって最終作業のKYを行ってください。
② 今月いっぱい、各班長は終業30分前に職場一斉放送で安全呼び掛けをしてください。

---

(2) 災害事例勉強会

　災害情報を深く作業者の心に浸透させたいときは、災害情報をネタにしたグループ討議を行う方法もあります（**図3-2**）。災害報告書を読むだけの場合に比べて内容を深く理解し、浸透させることができます。数人のグループで災害報告書を読み合わせた上で、記載されている原因のさらに下にある被災者の心の中のリスクや、職場の雰囲気などを想像してもらいます。自分たちの職場で起こり得るとしたらどのような場面が考えられるのかなどを議論してもらうのも良いでしょう。

　管理者は議論が発散しないよう、あらかじめ討議テーマを与えておくことを推奨します。問題提起するテーマは以下のようなものが考えられます。

・被災当時の被災者の気持ちはどのようなものであったと想像するか
・このような災害が発生する職場とはどのような職場であると思うか
・この災害はどの時点でどうしていたら食い止めることができたと思うか
・自分の仕事に置き換えて、関連がある作業や設備に同様のものがあるか

	課長	係長	班長	報告者
災害情報の水平展開ミーティング報告				

災害事例	2024年11月1日 No.3 製品倉庫災害
日　時	2024.11.15（金）　16:00～17:00
参加者	A班長、B、C、D、E

討議内容

テーマ1「このような災害が発生する職場とはどんな職場であると思うか」
- 忙しくて新人の作業内容をみんなで見守ることが不足していたのではないか
- とっさに手が出たと書いてあるが、普段から手出しをしていて、それを誰も注意することがなかったのではないか
- 新人教育が形だけになっていたのではないか
- 仕事がきついので新人の定着率が悪いのではないだろうか
- 仕事が常に急がされていたのではないだろうか

テーマ2「この災害はどの時点でどうしていたら食い止めることができたと思うか」
- 被災者が毎日行っていた作業であると考えられ、新人に対する見守りをもっとしつこく行っていたら防止できたかもしれない
- うちの職場で実施しているようなクレーン作業競技会を開催し、作業のあるべき姿を全員で共有する習慣があればとっさに手が出るという行為も食い止められたかもしれない

自職場の類似作業・設備	・圧延ロールのトラックへの運搬作業 ・工場への資材の搬入作業

私たちはこうする

A班長	新人のE君に毎日一声かけて困りごとを確認します
B	クレーン作業においては玉掛けワイヤを直接手で触れません
C	圧延ロールのトラック積み込み作業において玉掛け作業の基本を守ります
D	荷物の運搬方向が見えないときには必ず一旦停止して確認します
E	作業で迷いがあったときは勝手に判断せず班長に確認します

（管理者コメント）

図3-2　災害報告書に対する水平展開ミーティング記録事例

・もし自分が同様の災害に遭遇するとしたら、どの作業で何をしているときだと思うか
・この災害を受けて自分はこれからどう行動しようと思うか（安全宣言）

(3)類似設備、類似作業の洗い出しと対策

　災害情報の中に管理者がこれまで想定していなかったような事象が含まれる場合は、自職場にも類似のリスクがないかどうか設備や作業を抽出し、対策を行うことが必要です。対象を洗い出した上で、現状の安全対策の有効性を確認し、必要であれば対策を行います。このとき、類似リスク抽出作業は管理者だけで行うのではなく、現場の作業者にも参加してもらうことを強く推奨します。上記(2)で解説したグループ討議を行っていれば、その席で作業者から挙げられた事項もその対象になります。

安全活動3「災害情報の水平展開」のまとめ

1) 災害報告書は、一定の様式を定め、他の職場の関係者にもわかりやすく客観的な事実と原因・対策を記載して作成しましょう。
2) 他職場で発生した災害報告書に対して、管理者は自職場に関連しそうな事案を厳選して、部下に具体的な水平展開指示を出しましょう。
3) 水平展開では、発生した災害の事案を周知し、類似の災害を防止するための、設備改善、作業方法の見直しなどを行いましょう。

第1章　設備や作業方法のリスクを低減する

安全活動 4　確実な改善を行うためのリスク一括管理

1. 目　的

　パトロールやヒヤリハットなどリスクを抽出する活動で抽出した作業のリスクや課題は放置されないようにしなければなりません。抽出されたリスクなどを管理し、改善や対策を確実に行うことが必要です。リスクなどはそれぞれのリスク抽出活動の中で個別に管理するのではなく、一括管理する方が漏れも少なく改善の進捗管理にも便利です。ここでは一括管理するときのポイントについて解説します。

2. リスク一括管理表の様式作成

　一括管理表の様式を作成し、リスクや課題が抽出されるたびに様式に追記していきます。表に手書きしていく方法もありますが、表計算ソフトに入力していく方法や、独自のデータベースに登録していく方法、さらにはスマートフォンを通じてデータや写真を一括管理表に登録するような方法も考えられます。一括管理表には以下のデータを記載するのが良いでしょう（図4-1）。

(1) リスク番号

　一定期間に抽出されたリスクの件数がわかります。会議などで議論する際もリスク番号が付与されているとリスクを特定するのに便利です。改善された事案は番号ごと消去（あるいは非表示に）することで、残留しているリスクが一目でわかり、管理もしやすくなります。

(2) リスク抽出日

　リスクの抽出が活発に行われた時期が明らかになります。定期修理の日など特定の日にリスク抽出件数が増えるなど、リスクを抽出しやすいタイミングも明らかになります。災害が発生した直後には抽出件数が多かったのに最近は低調になってきた、というような傾向も把握できます。一括管理表に古い抽出日のものが残っていれば、その改善の難易度が高いということも認識できます。

(3) 場所・設備・作業

　どこで、どの設備で、どの作業でリスクがあるのかを示す事項です。この一括管理表の根幹をなす部分です。

●●職場　リスク一括管理表　　　　　　　　　　　　　　　　　　　　　　　　　　　　　　　　　　2024.10.30現在

番号	日時	場所・設備・作業	※抽出源	抽出者	リスク内容とリスクアセスメント リスク内容	程度	頻度	可能性	リスク	改善策とリスクアセスメント 改善案	程度	頻度	可能性	リスク	備考
1	5/15	事務所前安全通路	P	田中	側溝のふたが腐食しており踏み抜く恐れがある	1	3	2	6 (Ⅲ)	・ふたの交換	1	1	1	3 (Ⅰ)	5/20完了
2	6/7	No.2加工機	M	古賀	部品取り出し口に手が入る隙間がある	2	3	2	7 (Ⅳ)	・取り出し口にシャッター設置	1	1	1	3 (Ⅰ)	8/7シャッター設置完了
3	6/7	製品反転作業	N	佐野	スペースが狭く吊り荷に挟まれる恐れがある	3	3	3	9 (Ⅳ)	・付近の不要物を撤去しスペース確保	3	1	1	5 (Ⅲ)	作業場所変更検討中
4	8/15	No.2加工機	N	安藤	切削屑が飛散し顔に当たる恐れ	1	1	3	5 (Ⅱ)	・切削速度を落とす・作業時の立ち位置見直し	1	1	1	3 (Ⅰ)	切削速度低下影響確認中
5	9/12	建屋入り口扉	M	合	扉の開閉が重く動かしにくい	1	3	1	5 (Ⅲ)	・扉の車輪交換	1	1	1	3 (Ⅰ)	11月定期修理で実施予定
6	9/15	No.3加工機付近の通路	H	山神	見通しが悪くフォークリフトと接触する可能性	3	3	2	8 (Ⅳ)	・カーブミラー設置・一旦停止表示	3	1	1	5 (Ⅲ)	10/15定期修理時に完了
7	10/11	製品検査作業	P	高川	製品置き場の凹凸があり製品が倒れる恐れ	3	3	2	8 (Ⅳ)	・床のコンクリート打ち直し・パレット大型化	1	1	1	3 (Ⅰ)	計画中
8															
9															

※ 抽出源　P：パトロール、H：ヒヤリハット、M：スモールミーティング、Y：災害水平展開、N：ネガティブ情報提言活動、S：設備点検、Z：その他
網掛け：対応完了

図4-1　リスク一括管理表事例

(4) 抽出源

安全パトロール、ヒヤリハット、災害の水平展開など、リスクが抽出された活動を記載します。ここを見れば、どの活動で最もリスク抽出が行われているのかが把握できます。

(5) 抽出者

リスクや課題の改善は、それを抽出するところから始まりますので、抽出してくれた人はまさに「貢献者」であると言えます。抽出者の名前を明記することにより、貢献してくれたことに対する感謝の気持ちも表すことができます。たくさん抽出してくれた人を高く評価することにより、リスク抽出の動機づけにもなります。

(6) リスク内容とリスクアセスメント

具体的なリスクの内容を記載します。どのようなケガや事故が想定されるのか具体的に簡潔に記載することが必要です。リスクアセスメントを行った場合は、その結果もここに記載しておくのが良いでしょう。改善の優先順位がつけやすくなります。

(7) 改善策とリスクアセスメント

改善策の内容を記載します。改善策は本来設備改善や安全装置の設置など物理的に行うのが理想ですが、それが困難な場合は暫定的な対応策や、作業手順書の見直し、注意喚起表示、保護具の使用などもここに記載します。改善策が実施された後の状態に対するリスクアセスメントを行うことにより、改善策の妥当性も確認できます。

(8) 備考欄

ここには改善のスケジュールなどを記載し、対応が放置されないようにするための必要事項を記載します。進捗に変化があった場合は都度書き直していくことになります。対策が完了したときは完了日も記載しておきます。

3. リスク一括管理表の活用

この一括管理表は職場に掲示するなど関係者全員に周知できるようにしておくことが必要です。特に改善が完了せず残っているリスクは「残留リスク」という扱いになります。「残留リスク」を作業者に確実に周知し、その場所や作業にリスクがあることを理解した上で作業を行ってもらわなければなりません。

その上で、定期的に行う安全衛生委員会や職場の安全会議などで改善の進捗状況や、新

たに抽出されたリスクの情報共有を行います。一括管理表を作っただけで放置せず、この一括管理表をリスク低減活動の中心に置いて管理するようにしましょう。

4. リスク一括管理の期待効果
　リスクを抽出して、それを改善していくというサイクルの中で中心に位置づけられるのが一括管理表です。さまざまな期待効果があり、それを意識しながら活動していくことで一括管理表の意義が高まります。

(1) リスク抽出とその改善進捗が見えるようになる
　一歩ずつ安全な職場になっていくことが実感できる効果が期待できます。そのためにも、職場の安全を語るときには常にこの一括管理表を中心に据えるようにしましょう。また、新たな課題が見つかったときには、都度更新することにより生きた管理表になります。

(2) 安全活動を一体化できる
　パトロールやヒヤリハットなどリスクを抽出する活動はさまざまですが、それぞれから抽出されたリスクを一括管理することになりますので、安全活動の一体化を図ることができます。さらに、各リスク抽出活動の実効性を確認できる効果もあります。

(3) 関係者の安全感性を向上することができる
　リスクを抽出した人を集計することで、リスク抽出の貢献者を確認することができます。パトロールなどで抽出する機会の多い管理者の名前が多くなると考えられますが、ここに名前がたくさん挙がる作業者を評価することによって、リスクの抽出や提言が職場で歓迎されるという雰囲気を作り出すことができます。
　作業者が情報を上げ、管理者がここに明記して返すということで職場の風通しの良さを高める効果も期待できます。さらに一人ひとりがリスク抽出に前向きになることによって安全感性向上にもつながります。
　このように一括管理表は活用の方法によってさまざまな効果が期待できます。

安全活動4「リスク一括管理」のまとめ

1) リスク抽出活動で見つけたリスクや課題を放置せず、一括管理表やデータベースなどで一括管理しましょう。
2) この一括管理表は職場のリスク低減取組みのための大切なものとして扱い、常に議論の中心に据えて、改善を進めていきましょう。
3) 一括管理表には貢献者としての抽出者を明記することにより、職場内で課題を提言することを推奨し、風通しの良い職場づくりにも活用しましょう。

第1章　設備や作業方法のリスクを低減する

安全活動 5　　安全作業のための作業手順書の整備と活用

1. 目 的

　日常的な定常的作業では目的が同じであっても、さまざまな方法や手順が考えられる場合があります。手順が異なると、作業時間、必要人数、移動距離、使用する道工具や資材などが異なってきます。さらに作業者が曝されるリスクの大きさや頻度も変わってきます。作業方法や手順は作業者が個人の判断で決めるのではなく、誰が行っても同じ方法で行うことを目的として作成するのが作業手順書です。

　作業手順書は、そこに記載された方法や手順で作業を行えば、作業経験の長短にかかわらず、最も効率的で、最も楽で、最も安全な作業となるようにしておくことが必要です。

　ここでは特定の目的で行う個別作業と、電動工具使用など複数の作業に共通する要素作業の作業手順書の作成方法、および効果の上がる活用方法について解説します。

2. 個別作業の作業手順書

　特定の目的で行う個別作業は汎用性のある作業と異なり具体的かつ詳細に作業方法を定めることができます。作業手順書を活用する活動方法について解説します。

(1) **作業手順書様式**

　作業手順書は誰が行っても安全で均一な作業を目指すものですから、その作業に必要な事項を記載しておかなければなりません。作業者が使いやすいよう一定の様式を作成しておく必要があります（**図5-1**）。作業手順書に記載が必要な事項は以下のようになります。

① **文書番号**

　　作業手順書を体系的に管理するために文書番号を付与します。通し番号ではなく、「〇〇（例えば職場名）-（大分類番号）-（中分類番号）-（作業番号）」のような階層を設けた形で付与することを推奨します。こうしておくことにより新たに作業手順書を追加するときも、途中に挿入しやすく、管理や整理がしやすくなります。

② **分類、作業名、作業区分**

　　職場別、工程別の分類を記載することで体系的に管理できます。作業名は短い言葉でできるだけ具体的な内容がイメージできるように名付けましょう。必要に応じて定常/非定常作業などの作業区分も付与しておくと、作業手順書を管理するときに便利です。

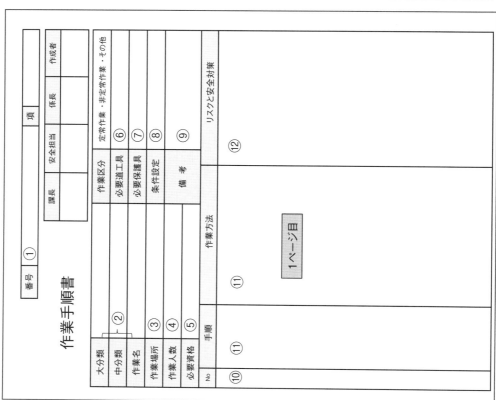

図5-1 作業手順書様式事例

③ 作業場所

作業を行う場所を記載します。同じ作業を複数の場所で行う場合であっても、すべての場所を記載します。場所が異なるとリスクの種類や大きさが異なる場合もあるからです。

④ 作業人数

最も安全に効率よく作業を行うための人数と時間のバランスを考慮し、作業人数を決めます。ここで記載のある作業人数に満たないときは作業中に無理な手順が生じる懸念も高まるため、作業を行ってはならないということになります。

⑤ 必要資格・作業主任者

作業に必要な資格や、法定の作業主任者が必要な場合はそれを記載します。

⑥ 必要道工具

作業に必要で適切な道工具、資材を記載します。作業前にまとめて準備することが可能になり、効率よく作業を進めることができます。

⑦ 必要保護具

作業に必要な保護具を記載します。作業前に記載された保護具を準備・装着しておくことが必要です。

⑧ 条件設定

条件設定とは、作業の安全を確保するために、作業前に実施すべき事項のことを指します。具体的には以下のような事項を記載することになります。

- 動く機械に対して行う作業
    - →機械の停止（停止するスイッチ、閉止するバルブ名等の記載）など
- 付近に車両の走行がある場所での作業
    - →車両の運転手から見やすい位置への注意喚起看板設置など
- 油圧・空圧装置が含まれる機械に対して行う作業
    - →元バルブ閉止、残圧抜きなど
- 自重等で動くものを取り扱う作業→メカストッパーの設置など
- 高所や開口部付近で行う作業
    - →柵の設置、親綱の設置、作業場所の下部への立ち入り禁止処置など
- 高温物を取り扱う作業→対象物の冷却など
- 有害ガス・酸欠場所における作業→ガス・酸素濃度測定、空気置換など

⑨ 備考欄

必要な事項を自由に記載できる欄を設けておくと便利です。当該作業の過去の災害事例や、特に周知しておくべき事項などを記載します。

⑩ **手順番号**

各手順に番号を付与します。作業手順書に関する会話をするとき便利です。

⑪ **手順とその作業方法**

作業を行う手順を時間の順に記載します。作業方法を確実に表記するためには、一連の作業をできるだけ細かい手順に分解して記載することが求められます。手順を大くくりにしてあいまいな部分を残すと個人による作業方法に差異が生まれ、場合によっては危険な手順になることが懸念されるからです。

一方、手順を細かく分解しすぎると作業手順書のボリュームが大きくなり、作業手順書が使いにくくなるという問題が生じます。バランスが大切になりますが、手順の中で特に作業が難しい部分やリスクが大きいと考えられる部分については、手順を細かく分解し、作業方法を詳細かつ丁寧に記載することが大切です。

手順と作業方法は作業手順書の中核をなす部分です。作業手順書を見れば誰でも同じように作業ができるようにするためには、現物の写真や、図表などを活用し、わかりやすく記載することが肝要です。

⑫ **手順ごとのリスクと安全対策**

各手順の中に懸念されるリスクがあれば、その安全対策とともに記載します。安全対策は「よく確認して行う」、「指差呼称する」など抽象的な記載は極力避け、具体的な安全対策を記載することが大切です。

また、安全対策の部分では「○○をしてはならない」という禁止表現は避け、「○○する」という指示表現にすることを推奨します。例えば「機械の稼働中は、回転部に近づいてはならない」ではなく「機械の稼働中は、床面に表示されたラインの外側に立つ（十分な距離が確保される場所）」のようにするのです。近づいているかどうかの判断は、人によってわかれますが、場所を指定すれば個人による解釈の差はなくなるはずです。このような安全対策の表記によって、作業を観察する管理者にとっても守っているかいないかを容易に判定でき指導もしやすくなります。

⑬ **制定と改定履歴**

その作業手順書がいつ制定され、いつどのような理由で改定されたのか記載できるようにしておきます。定期的な見直しを行う場合も、直近の更新日の情報が必要になります。

(2) 目次の作成

作業手順書は目次を作成して、作業手順書のファイルの先頭につけておくのが良いでしょう（図5-2）。電子情報として保管する場合は分類番号ごとにフォルダを作成する方法もありま

●●職場　作業手順書目次				
大分類		中分類		小分類　（作業名）	
01	加熱工程	01	材料搬入	01	搬入クレーン運転作業
				02	材料識別管理作業
				03	材料の加熱炉装入作業
		02	加熱作業	01	炉の点火作業
				02	炉内点検作業
				03	材料取り出し作業
		︙	︙	︙	︙

図5-2　作業手順書目次の事例

す。目次があれば作業手順書が必要なときにすぐに取り出しやすくなります。

(3) 使いやすいボリューム

　作業は多くの手順が連続してつながっていたり、一連の作業が長時間にわたったりする場合もあります。作業の開始から完了までを1つの作業手順書に収めると大きなボリュームになり使いにくいものになってしまいます。

　使いやすくするためには、一連の作業を適当に区切り、複数の作業手順書とするのが良いでしょう。手順の連続性や関連性を考慮して区切るところを決めます。作業の途中で一息つけるところ、場所を移動するところ、作業人数が変わるところなどで作業手順書を区切り、1つの作業で最大でも作業時間30分程度、あるいは作業手順書のページ数が10ページ以下になるようにするのが良いでしょう。

(4) ダイジェスト版の作成

　作業手順書は手順が細分化され記載事項が多くなると、全体のボリュームも大きくなります。その結果、安全対策の記載が作業手順書の中で広範囲に点在することになり、作業の安全ポイントだけを確認したいときには不便なものになります。

　このような懸念がある場合は、作業手順書のリスクと安全対策部分だけを取り上げたダイジェスト版を作成することを推奨します（図5-3）。シート1枚に一連の作業の中で最も重要なリスクとその対策を記載しておくのがダイジェスト版です。

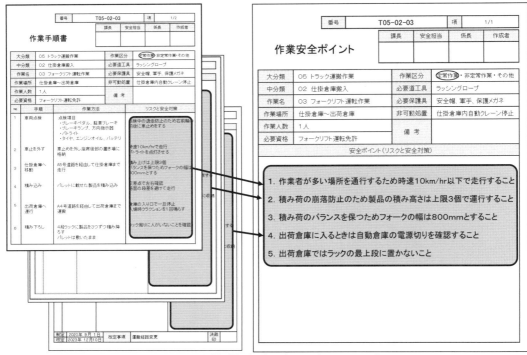

図5-3　作業手順書ダイジェスト版のイメージ

　慣れた定常作業では作業手順書を見ることは少ないと思いますが、このようなダイジェスト版があれば、作業前にそれを見るだけで安全対策のポイントを認識できます。

(5) 作業手順書の活用

　作業手順書は、作業を体で覚えてしまえば、あまり必要性を感じないものになります。新人に作業手順書を見ながら作業を教えたり、極めて頻度が低い作業でやり方を忘れてしまったときに使うことはあっても、普段見ることは少ないでしょう。

　一方、災害が発生すると作業手順書がにわかに表に出てきます。この作業は、そもそもどのように行うべきであったのかを関係者が確認するためです。そして被災者の行動が作業手順書通りでなければ被災者の問題。逆に正しい作業方法が作業手順書で明確に記載されていなければ作業手順書に課題あり、といった判断の根拠として使用されるのです。しかし、作業手順書は本来このような目的で使うためにあるのではありません。

　作業手順書を有効に活用し、作業の安全性を高めていくための活用事例について以下に紹介します。

①新人教育で活用

　　職場の新人に作業を教えるときは作業手順書は必須アイテムになります。記載された手

順に沿って作業の方法を教え、リスクやその安全対策のみならず、記載のない作業のコツやノウハウもあわせて教えます。

そのとき、新人に教える指導者は普段自分が行っている方法と作業手順書に記載された内容が異なっていることに気づくことがあるかもしれません。また、口頭で教えているコツやノウハウが作業手順書に記載されていないこともあるかもしれません。そのような場合、作業手順書の見直しを行うか、教える内容を記載通りにするか、いずれにしても作業手順書と現実とのギャップを埋めておくことが必要です。教えるという行為を通じて作業手順書の内容も磨かれていきます。

② **演技訓練での活用**

演技訓練とは、作業者が社長、事業所長、工場長など上位管理者の視察の際、実作業を見せて行う訓練を指します。日常作業をパトロール者に観察されることとは異なり、上位管理者に見せるために作業を行うものです。上位管理者は当該作業の作業手順書を見ながら作業を観察し、安全についての意見や助言、感想などを訓練者に講評します。第三者の目で実際の作業を見ながら作業手順書の妥当性を確認するという取組みです。

上位管理者にとっては作業手順書の実態を確認できますし、演技訓練する作業者自身は本番前に練習するため作業手順書を熟読する機会が得られます。さらに、訓練者の指導に当たる先輩や直属上司は作業手順書に不備がないかチェックを行う機会にもなり、演技訓練を通じて作業手順書の内容が充実していきます。

③ **作業手順書をネタにした対話**

管理者が現場に出て作業者と対話するとき、作業手順書をネタにした対話をしてみてはどうでしょうか。例えば以下は作業中の作業者Aさんに問い掛ける事例です。

管理者：「今やってくれているフォークリフトによる運搬作業で、最も注意を払っていることは何?」

Aさん：「製品倉庫に入るとき、建屋内の通路を通行している人にぶつからないようにカーブミラーを確実に見るようにしています。」

管理者：「なるほど、とても良い心掛けだね。」「ところでそれは作業手順書に書いてあるかな」

（一緒にその作業の作業手順書を見てみる）

管理者：「書いていないね。カーブミラーの確認はとても大事なことであるし、みんなにも実行してもらいたいから作業手順書に書いておこう」

管理者：「ところで、作業手順書には倉庫の出入り口ではクラクションを鳴らすことになっているよ。知っていた?」

Aさん：「いや、知りませんでした。確かにその方が注意喚起もできるので、これからき
　　　　　　ちんと行うようにします」
　このようなやり取りを通じて、実作業で作業者が感じているリスクとその安全対策を作業手順書に追記でき、作業者が作業手順書の記載事項を認識することもできます。作業手順書をネタにして対話することにより作業手順書がより生きた文書になっていくことが期待できます。

④ 作業手順書全員チェック活動

　作業手順書の1つを選択し、それを集中的に作業者全員で検証する活動です。選択した作業手順書のコピーを事務所や現場詰所の机の上に置いておきます。その作業を行った人は、作業後にその作業手順書を確認し、自分が行った作業との違いや、安全配慮した事項で記載がない事項があれば赤ペンで書き込むのです。例えば、作業の順番はこうした方が良い、顔を覆う保護具があった方が良い、ここに注意しないと危ない、記載の道工具より便利な道工具がある、やるべき手順が記載されていない、二人でやる方が良い、などです。

　1週間、作業手順書の書き込み用コピーを置いておき、作業者には些細なことでも良いので気づいたことを必ず書いてもらいます。期限になったらそれを回収し、赤で記載事項の妥当性を検証した上で作業手順書の内容を見直します。実際に作業を行った人が作業直後に作業手順書を検証することで、生きた意見が出やすくなります。これを週に1件、あるいは月に1件、目標を定めて活動として行うのです。この活動によって、作業者は日常作業の作業手順書を改めて確認できるという効果と、作業手順書と実作業のギャップが埋まる効果が期待でき、作業手順書が実効あるものになっていきます。

(6) 作業手順書の見直し（定期見直し）

　作業手順書は設備の改造や、新たな業務の追加、職場環境の変化、使用資材の変更など、変化点で随時見直さなければなりません。

　また、変化点がなくてもすべてを定期に点検し、必要な見直しを行うことが必要です。普段活用していない職場であればあるほど、変化点で変更がなされずに放置されている可能性があります。見直し周期は3年から5年ごとに行うのが良いでしょう。

3. 要素作業の作業手順書の作成

　特定の目的で行う個別作業とは別に、多くの作業で共通して必要となる要素作業についても作業手順書を作成することを推奨します。一例を**表5-1**に示しますが、道工具の使用作業

表5-1　要素作業の一例

対　象	事　例
物、設備	・道工具取り扱い基準（ハンマー、スパナ、玉掛けワイヤ、脚立等） ・保護具着用基準　　・有機溶剤取り扱い基準 ・使用前点検基準　　など
作業	・玉掛け作業基準　　　・高所作業基準　　　・溶接・溶断作業基準 ・足場組立基準　　　　・クレーン運転基準　・運搬系車両運転基準 ・酸欠場所における作業基準　　など

やすべての要素作業に共通する作業がその対象です。

　これらの作業手順書の内容には労働安全衛生法等で定められた法定事項が多く含まれることになると考えられます。法定事項は事業者にとっては最低限守らなければならない事項ですが、法令の条文は1つの作業や対象物であっても、点検、資格、保護具、禁制事項、表示、記録などが離れたところに記載されていますのでけっしてわかりやすいとは言えません。現場に法令の条文をそのまま渡しても理解して順守してもらうのは困難です。

　法定事項を漏れなく盛り込んだ要素作業手順書を作成することにより、作業者はそこに記載してある事項を守ってさえいれば法令を順守しているという形にすることができます。もちろん、そこには法定事項に加えて職場の特性や過去の事故災害を踏まえた独自のルールを織り込むことも必要です。

　さらに個別作業の作業手順書において、手順の一部に要素作業が含まれる場合、要素作業手順書を紐付けることによって記載を簡略化することも可能となります。個別作業と要素作業の作業手順書を組み合わせて運用することで確実に法令を順守でき、作業手順書のメンテナンスも楽になることが期待できます。

安全活動5「作業手順書の整備と活用」のまとめ

1) 日常的に行う作業について誰が見てもわかりやすく、均一な作業ができるようにするための作業手順書を整備しましょう。
2) 作成するときは現場の作業者の意見も取り入れましょう。
3) 多くの作業に共通する要素作業についても作業手順書を作成し、その順守によって法令も順守できる内容としましょう。
4) 作業手順書は作るだけではなく、職場で活用できるよう工夫しましょう。

第1章 設備や作業方法のリスクを低減する

安全活動6　安全行動の根拠とするための安全ルール

1. 目 的

現場には安全のためのルールが数多くあります。ベースになるのは労働安全衛生法であり、その上に会社が定めた規定や職場ごとに定めたルールなどがあり、作業手順書に記載された事項も安全ルールです。また、ルールとして明文化されていなくても職場の申し合わせ、管理者からの指示も安全ルールとなります。

職場にある安全ルールは、本来すべての作業者がすべてのルールを認識し順守しなければならないものですが、容易なことではありません。ここでは守りやすいルールの作り方、運用方法について解説します。

2. 職場の鉄則ルールを作る

職場には数多くの安全ルールがありますが、その中には極めて大切なものから、守るに越したことはない程度のものまであるでしょう。この中で最も大切ですべての作業のベースとなるルールが鉄則ルールです（図6-1）。鉄則ルールを作り、これだけはいかなる場合も必ず守り守らせるというものです。

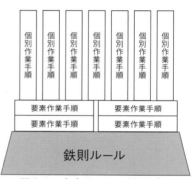

図6-1　安全ルールの位置づけ
（鉄則ルール）

(1) 鉄則ルールを策定する際の考え方

職場の安全ルールは、過去に発生した事故や災害の再発防止として策定されたものが多いでしょう。しかし、再発防止のために何かしなければならないという理由で、新たなルールを次々に作ってしまうことはないでしょうか。事故災害が発生するたびにルールが増えていくという状態です。

重篤な災害を防止するためのルールであれば、作業者も納得して守ってくれると思いますが、現場の納得感が得られないルールは簡単に破られ、ルール違反を認識している管理者でさえ、見て見ぬ振りをしたくなってしまいます。

安全ルールにも軽重があります。まずは重篤な災害を防止するための大切なルールを少しだけ作り、例外なく徹底的に守り守らせる、というスタンスで運用していくことが必要です。それが職場の「鉄則ルール」です。玉石混交の安全ルールが膨大にあることによって、大切なルールも守られなくなるような事態を避けることも目的のひとつです。

(2) 鉄則ルールの作り方

　安全ルールを作るときのベースは過去の災害事例や職場で抽出されたリスクです。それらの情報をもとにした鉄則ルールの作り方を以下に4つのステップで解説します（**表6-1**）。

ステップ1：ピックアップ

　　　　職場における守るべき事項を①～③の視点でピックアップします。
　　　　①自職場で発生した過去10年間の災害における各々の再発防止対策
　　　　②職場のリスク一括管理表（安全活動4参照）において決めた順守事項
　　　　③経験上、作業者が特に留意して行っている事項
　　　　これらを考えられるだけ書き出します。

ステップ2：重みづけ

　　　　ステップ1で書き出した守るべき事項について、それぞれに関連する災害やヒヤリハットの件数を数えます。さらにそれぞれに対し守らなかった場合に発生する災害の重篤度（死亡/休業/不休業/微小・・・）を記載します。重篤度は厳密である必要はなく直感とイメージで決めます。

表6-1　鉄則ルール作成の事例（部品の切削、検査職場の例）

ステップ1	ステップ2		ステップ3
守るべき事項（安全ルール）	件数※1	重篤度※2	決定
機械を修理するときは電源を切る	5	休業	●
扉は反対側に人がいないことを確認してから開く	1	微小	
階段昇降時は手すりを持つ	8	不休業	
ロボット使用時は柵の中に入らない	1	死亡	●
フォークリフト運行時は警告音を鳴らす	6	休業	●
加工機から出た切り屑を扱うときは手袋をはめる	5	微小	
切削油を交換するときは保護めがねをかける	2	不休業	
クレーンで吊った物の下に入らない	1	休業	
道具は使用前に点検を行う	1	微小	
機械は条件ランプが緑色になってから始動する	3	休業	●
立ち入り禁止場所に入るときは操作室に連絡する	4	休業	●

※1　過去に発生した災害やヒヤリハット件数　　※2　守らなかった場合に発生する災害の重篤度

ステップ4（鉄則ルール）

1. 検査ロボットが稼働中は、柵の中に入らないこと
2. 研削機械を始動するとき、ランプの緑点灯を確認すること
3. 研削機械の修理、点検を行うときは電源スイッチを切ること
4. 立ち入り禁止場所に入るときは、必ず操作室に連絡すること
5. フォークリフトを運行するときは、警告メロディを鳴らすこと

> 【その他の鉄則ルールの事例】
> ・ガスボンベを交換する場所における鉄則ルール（例）
>   1. ガスボンベを運ぶときは必ず運搬機を使用する
>   2. ガスボンベをクレーンで吊ったときは吊り荷から2m以上離れる
>   3. ボンベのガスを使用していないときは元バルブを閉める
>   4. ガスボンベをラックに収納したら必ず転倒防止チェーンをかける
>   5. ガスボンベ収納室の中で火気作業を行うときはボンベをいったん外に出す
> ・製品の検査職場における鉄則ルール（例）
>   1. 検査を行うときは製品の載ったコンベアの電源を切る
>   2. 検査に用いる薬品を取り扱うときはゴム手袋とゴーグルを着用する
>   3. 不良品をライン外に吊り出すときはバランサーを使用する
>   4. 検査に使用する道工具は使用前に点検を行い点検簿にサインする
>   5. 移動するときコンベアを跨がず、所定の通路を移動する

ステップ3：重要な守るべき事項の決定
　　　　　過去災害等の件数と、結果の重篤度を踏まえて、最も大切な守るべき事項を4〜5つ程度選択します。

ステップ4：鉄則ルールの策定
　　　　　ステップ3で選択した4〜5つの守るべき事項の内容を、端的でわかりやすい言葉で表し鉄則ルールとします。

(3) 鉄則ルールを作るときの留意点

① 鉄則ルールの策定には現場の作業者も参加すること

　鉄則ルールを順守して作業を行うのは管理者ではなく作業者です。鉄則ルールを策定するときには作業者の意見も積極的に取り入れましょう。

　ステップ1の職場の守るべきことのピックアップまでは管理者が行い、それをネタにして職場のミーティングなどで、どれが大切かということを話し合ってもらったり、どの項目を鉄則ルールに採用するのが良いかアンケートを行ったりするのも良いかもしれません。作業者が参加することにより、順守が困難な鉄則ルールになりにくいことと、自分も参画して作ったルールであれば納得感も得られやすいという効果が期待できます。

② 鉄則ルールは小さな職場単位で作ること

　職場にはさまざまな作業が存在しますので、大きな職場単位で鉄則ルールを作ろうとすると、すべての作業に共通するルールになり、一般論・精神論的なルールになってしまう可能性があります。したがって、できるだけ小さな職場単位、あるいは設備やライン、場

【順守状況がわかりやすい事例】
- 設備の調整作業を行うときは必ず電源を切る
- 床面に赤くペイントされたフォークリフトの運行エリアには入らない
- 手押し台車は引いて使用せず、押して使用する

【順守状況がわかりにくい事例】
- 作業を行う時は落ち着いて丁寧に行う
  （落ち着いて作業しているかどうか見た目でわからない）
- 常に安全最優先で行動する
  （気持ちが安全最優先になっているのか他人にはわからない）
- ○○作業を行うときは十分に退避する
  （どれくらいの距離が十分な退避であるのかあいまい）

所単位で作成するのが良いでしょう。

③ 順守状況がわかりやすい鉄則ルールとすること

鉄則ルールはできるだけ具体的な内容とし、第三者が作業者を見たとき、それを守っているか守っていないかわかる内容にすることが大切です。

3. 個別作業手順、要素作業手順に対する災害発生時のルール見直し

災害が発生すると、その再発防止策として個別作業手順書や要素作業手順書（**図6-2**）に新たなルールが加えられることがあります。ルールには階段では手すりを持つなど作業者の行動に対するルールと、何かを行うときは事前に上司の許可を取るなど手順として行うべきルールがありますが、ここではその両方を指します。

災害の再発防止のために安全ルールを作ることは必要なことですが、追加されたルールを確実に順守してもらうために、さまざまな留意点があります。

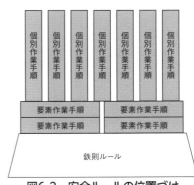

図6-2　安全ルールの位置づけ
（個別作業、要素作業ルール）

(1) 安全ルールは必要最小限に

災害のたびに、安全ルールが雪だるまのように増え続けていくと感じたことはないでしょうか。これは必ずしも好ましいことではありません。災害は複数の要因が重なったことによって引き起こされるものですが、そのすべての要因に対して安全ルールを定めるとルールが増え

続けてしまいます。安全ルールの数が増えれば増えるほど大切なルールがそれに埋もれてしまい、守られなくなっていく懸念があります。再発防止のためであっても安全ルールは必要最小限に限定すべきです。

(2) 作業別安全ルールの残し方

　新たに決めた安全ルールは時間とともに忘れられたり、形骸化したりすることのないようにしなければなりません。作成したルールを文書で現場に周知したり、メールで連絡したり、口頭で伝えるだけでは不十分です。決めた直後は認識されて順守されたとしても、通知された文書が散逸する、あるいは文書がファイリングされたとしても、常に見える状態でなければルールそのものが形骸化する懸念があります。

　新たな安全ルールを作ったときは、管理番号で体系づけられた安全基準・規程、あるいは個別作業や要素作業の作業手順書等の文書に書き加えておくようにしましょう（**図6-3**）。体系づけられた文書に書き込むことによって、そのルールが消えたり、散逸することを防止できる上、見直したり、解消したりするときにも便利です。

(3) 苦しまぎれにルールを作らない

　災害の中には被災者のちょっとした不注意が原因の軽微な災害もあります。人の不注意ほど対策の難しい災害はありませんが、「この災害には具体的な対策を打ちません」とはなかなか言えないものです。また、上位管理者や安全管理部門から「何らかの対策を打つべきである」という意見や指示が出されることもあります。そのようなときによく生まれるのが苦しまぎれのルールです（**図6-4**）。

　苦しまぎれに作られたルールは作業者に腹落ちしないばかりか、管理者もルールを作ること自体が目的であったため、順守状況には関心が薄くなりがちです。しばらくの間、形だけは実施されますが、いずれ形骸化します。そして運が悪いとまた似たような災害が発生し、さらに過剰なルールが作成されかねません。ルールの負のスパイラルに陥り、過剰なルールは負の遺産として後世に残ることになります。このような状態にならないようにするために、それぞれの階層で心掛けるべきことがあります。

　まず、上位管理者、安全管理部門は、職場の特性や外部要因なども認識した上で、現場を熟知している現場管理者に対応方法をゆだねることが大切です。いろいろな思いや、経験をもとにしたアイデアや助言があったとしても、少し引いて現場管理者に対応を任せてみましょう。

　現場管理者は、再発防止対策は、上位管理者に説明するためのものではなく、文字通り再発防止のためであることを肝に命じましょう。現場作業者と対話し、彼らの災害の受け止

●体系づけられた基準・規程 「自動車運転基準」

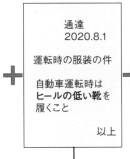

図6-3 新たに決めたルールは体系化された文書に書き加える

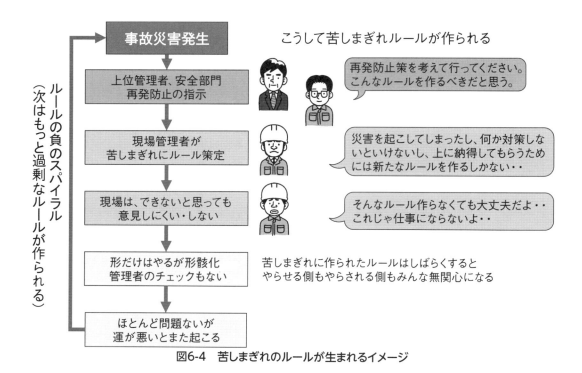

図6-4 苦しまぎれのルールが生まれるイメージ

【苦しまぎれルールの事例】

- ちょっとしたトラブル処理において勝手な判断で不安全行動を行ってケガをした
  →新ルール:すべてのトラブル処理時は事前に書面で係長の許可を得ること

- 思い込みで、誤ったスイッチボタンを押して、別の作業者が機械に挟まれた
  →新ルール:スイッチ操作は必ず2人で行い、2人のサインを残すこと

- 設備の異常に気付かず、想定外の動きをしたことで作業者がケガをした
  →新ルール:設備点検リストを作成し、使用前に必ず点検し記録すること

- 動く機械のそばで行う製品の位置調整中に機械の停止を忘れて機械に挟まれた
  →新ルール:機械を囲う安全柵の扉を施錠し、入る場合は都度カギを係長にもらいに行き許可を得ること

め、再発防止の考えや気持ちを確認する必要があります。その上で、追加のルールを作る場合は現場の意見も十分に取り入れて作ることが肝要です。場合によっては今回の災害に対しては「対策なし」とし、その代わりこれまで取り組んできたことをさらに愚直に行う、という判断があっても良いでしょう。

現場の監督者や作業者は、管理者が提案したルールに対して、できないことはできない、

そこまでしなくて良い、とはっきり伝えることが必要です。災害を発生させた負い目があると思いますが、勇気を持って意見を言いましょう。そして現場管理者も上位管理者もそれに耳を傾ける。それが風通しの良い職場であり、長い目で見れば安全な職場を構築するベースになります。

(4) 安全ルールをなくすのは困難

　安全ルールは、作ることはそれほど難しくありませんので、増えていくことはあってもそれをなくそうと思うと、意外と大きな困難を伴うものです。ルールをなくした後に何かあったら困る、それを決めた人が責任を問われるかもしれないなど、不安な気持ちがそれを阻害します。ほとんどの関係者が、このルールは必要ないと薄々感じていても、一人でも異論を唱える人がいると、その正論に勝つことは難しく、なくすことができなくなるのです。異論を唱える人の役職が高ければ高いほど、なくすハードルは高くなります。

　結局のところ、ルールをなくすのが大変であるならば、はじめから意味の薄いルールを作らないようにしなければならないということです。

(5) 新たに追加するか、浸透させるか

　災害発生の原因究明の際、発生要因は以下のどちらであるのか見極めることがとても大切です。

　　A：未然防止のための安全活動や安全ルールがなかった、あるいは不明確であった
　　B：未然防止のための安全活動や安全ルールはあったが、その浸透が不十分であった

　この2つは大きく異なります。災害発生要因がAであれば、新たな安全活動や安全ルールの追加が必要かもしれませんが、Bの場合は、新たなことを行うのではなく、現状の活動やルールを浸透させて効果を上げることに注力しなければなりません。

安全活動6「安全ルール」のまとめ

1) できるだけ小さな職場単位で、その職場のすべての作業に共通する鉄則ルールを作りましょう。作るときは現場作業者の意見も取り入れましょう。
2) 鉄則ルールを作るときは、守っているかいないか一目でわかる内容にしましょう。
3) 安全ルールはいったん作るとなくすのは大変です。災害が発生したとき、順守困難な苦しまぎれのルールを追加しないようにしましょう。
4) 新たに安全ルールを作ったら、作業手順書など体系化された文書に書き加えるようにしましょう。

第2章

現場作業者の安全意識を上げる

作業者の安全意識を上げる

(7) 全員参加でリスクを見つける
- ネガティブ情報提言 ⓭
- 変化点管理 ⓮
- 職場の風通し改善

(6) 安全行動を定着させる
- TBM ❿
- アンケート ⓬
- スモールミーティング ⓫
- 安全意識向上
- 安全行動促進

(5) 安全衛生の知識を教育する
- 技能教育
- 安全衛生教育
- モニタリング ❼
- 安全指示 ❽
- 危険予知訓練 ❾
- 資格取得
- 危険体感教育
- 安全知識向上

設備や作業方法のリスクを低減する

(1) リスクを見つける
- 安全パトロール ❶
- ヒヤリハット ❷
- 設備点検
- 災害情報水平展開 ❸
- 終業ミーティング

(2) リスクを管理する
- リスク・課題の一括管理 ❹

(3) リスクを解消・低減する（ハード対策）
- リスクアセスメント
- 設備改善・安全装置
- 設備の安全化

(4) リスクを回避する（ソフト対策）
- 作業手順書 ❺
- 基本ルール ❻
- 標準の整備

安全活動を評価する
- OSHMS
- 内部監査
- 活動のフィードバック ⓯
- 活動成果の点数評価 ⓰

第2章 現場作業者の安全意識を上げる

安全活動 7　浸透確認のための現場モニタリング

1. 目　的

　情報を現場に伝達する方法はいろいろありますが、伝えた情報を浸透させるのは簡単ではありません。現場には日々多くの情報が伝達され、指示事項、周知事項、会議等で決定した事項など、種類もさまざまですし、重要性も大切なものから軽いものまで多岐にわたります。情報が多すぎると、重要な事項も現場では多くの中のひとつ程度に扱われ、伝わらないことも少なくありません。

　現場モニタリングとは管理者が特に伝えたいことや、作業者に必ず知っておいてほしいことが、浸透しているかどうかを確認する活動です。一人ひとりに問い掛けて浸透度を確認し、その問い掛けという行為を通じて情報を浸透させることが目的です。ここではその方法について解説します。

2. 方　法

　職場の安全ルールや、安全方針、災害情報など現場に伝達・周知した情報の中で特に確実に周知したい情報について現場で一人ひとりに質問して回ります。伝えたい情報を正しく認識しているか否かを確認し、認識していなかったらその場でそれを伝えます。その浸透度を職場ごとに認識率として集計しても良いでしょう。

3. モニタリング事例

　モニタリングはどのような情報でも実施可能です。上司から発信された安全指示、職場の安全ルール、災害情報など管理者が浸透させたいと思うものであれば、すべてが対象になります（表7-1）。

　モニタリングするときは、その情報の大切な部分を問う質問事項をあらかじめ決めておき、対象者すべてに同じ質問をすることがポイントです。あとから浸透度を評価するときに集計が容易になるからです。また、質問項目が多すぎると、時間を要するため対象人数が制限されてしまいますので、数個が適当です。

　スマートフォンのアンケートツールなどを用いると全員にモニタリングできるというメリットもありますが、網羅的にモニタリングを行うとき以外はあまりお勧めできません。なぜならモニタリングは単に理解度をチェックし数値化することだけが目的ではなく、そのやり取りを通じて作業者に理解を深めてもらうことも狙いのひとつだからです。さらに管理者の思いを伝え

表7-1 モニタリングとその質問および浸透評価の事例

安全指示の理解度モニタリング		浸透率			
		A職場		B職場	
		総数	正答者(率)	総数	正答者(率)
1	今朝、事業所長から出された2つの安全指示を言えますか	12	4 (33%)	9	6 (67%)
2	なぜこのような指示が出たと思いますか	12	3 (25%)	9	4 (44%)
3	この指示に対してあなたは何を意識して行動しますか※	12	3 (25%)	9	3 (33%)

鉄則ルールの理解度モニタリング		浸透率			
		A職場		B職場	
		総数	正答者(率)	総数	正答者(率)
1	職場の鉄則ルールを5つすべて言えますか	20	18 (90%)	30	24 (80%)
2	最近発生した災害で、鉄則ルール違反が原因となった災害は何ですか	20	10 (50%)	30	27 (90%)
3	あなたの日々の作業の中で鉄則ルールを特に意識して行っている作業はどんな作業ですか※	20	15 (75%)	30	20 (67%)

災害情報の理解度モニタリング		浸透率			
		A職場		B職場	
		総数	正答者(率)	総数	正答者(率)
1	先週発生した災害情報を回覧しましたが見ましたか	14	10 (71%)	12	12 (100%)
2	この災害が発生した一番大きな原因は何だと思いますか※	14	5 (36%)	12	11 (92%)
3	再発防止の指示を2つ記載しましたが言えますか	14	7 (50%)	12	11 (92%)

安全活動の理解度モニタリング		浸透率			
		A職場		B職場	
		総数	正答者(率)	総数	正答者(率)
1	危険予知訓練を毎月行っていますが参加していますか	15	15 (100%)	6	6 (100%)
2	危険予知訓練はあなたにとってどのような意味がありますか※	15	12 (80%)	6	1 (17%)
3	最近行った危険予知訓練で一番役立ったと思うのは、どんな題材の危険予知訓練ですか※	15	7 (47%)	6	3 (50%)

※ これらの質問には必ずしも正解はない。質問に対する回答の中身、回答するときの表情、回答の納得感など、浸透していると感じたら「正解」とする

るチャンスでもあります。直接顔を合わせて行うことを推奨します。

4. モニタリングの活用

モニタリングは情報の浸透度や、一人ひとりの理解度を確認するのが主な目的ですので、集計することによってそれらを定量的に知ることができます。また、伝え方による浸透度や理解度の差を分析することも可能になります。分析の事例を以下に示します。

・災害情報は朝会で通知しただけでは浸透度が低いが、職場討議を行った災害情報につ

いては理解度が深い。
- 報告書に記載していない発生職場の個別事情（裏話）とともに伝えた災害情報は多くの人の記憶に残っている。
- 毎朝職場の鉄則ルールを唱和している職場はその理解度が深い。
- 大切な情報を記載した文書については、「重要」という大きな判を押し、メリハリをつけると浸透しやすい。

　このように伝達の方法による浸透度の違いがわかれば、大切な事項をどのように伝えたら浸透するのか理解でき、次の機会に活かすことができます。多くの場合、情報伝達に管理者が手間と時間をかけたものほど浸透度は深くなります。

5. モニタリングの期待効果

　モニタリングはそれを行うこと自体が浸透を促すことにもなります。モニタリングのような面倒なことをしてまでその情報を浸透させたいという管理者の思いが伝わるばかりでなく、質問されて答えられなかった人はその機会に内容を深く心に刻むことができます。

　また、事前に告知してからモニタリングを行うことも効果的です。モニタリングの項目、質問事項などを事前に対象者に知らせておけば、多くの人は回答できるように事前準備をすると思われますので、その時点で浸透度が深まるはずです。

　情報の浸透には手間と時間がかかるものです。浸透していないと感じたら、それは伝える側に問題があると考えなければなりません。

安全活動7「現場モニタリング」のまとめ

1) 特に現場に浸透させたい情報は、その内容が伝わっているかどうかできるだけ多くの人にモニタリングしてみましょう。
2) どのように伝えたら情報が浸透しやすいのか、モニタリングの結果を踏まえて、職場の情報伝達の特徴を理解しましょう。
3) モニタリングを行うことを事前に通知して行うことも浸透を深めることになります。
4) 情報を浸透させるには時間も手間もかかるものです。伝えただけで伝わったと思わず、浸透しないのは伝える側に問題があると考え、本当に浸透させたいことは時間と手間を惜しまずに伝えましょう。

第2章　現場作業者の安全意識を上げる

安全活動8　意思が伝わりやすい文書による安全指示

1. 目　的

　管理者の意思を現場の隅々まで浸透させるために文書を活用することは多いでしょう。本来は、直接顔を合わせて肉声で伝えるのが最も伝わりやすいのは言うまでもありません。ただ、時間的にも物理的にもそれが困難なときは、文書によって伝えることになります。文書による伝達や安全指示は、それをいかに読ませるかが勝負になります。

　ここでは管理者メッセージや意思を文書伝達するとき、いかに伝わりやすくするかその方法を解説します。

2. 伝えたい事項の事例

　文書で管理者の意思を伝える事項として以下のような場合が考えられます。

- ・全国安全週間や年末年始などのタイミングで発する安全メッセージ
- ・災害が発生した後の再発防止や安全最優先のお願い
- ・安全活動を深化させるための指示
- ・「職場の鉄則ルール」など新たに制定した事項に関する説明や方針

3. 文書を作成するときのポイント

　伝えたい事項を文書にするときに留意すべきポイントを以下に列挙します（図8-1）。

(1) 伝えたい相手を明確にする（図8-1①）

　誰に宛てた文書であるのか明記する必要があります。相手が職場の監督者なのか、第一線の作業者なのか、伝えたい相手によって書き方もトーンも異なってきます。

(2) 日付、文書番号、発出者を記載する（図8-1②、⑨）

　発出する日付、発出した部門、あるいは発出者を明記しなければなりません。さらに文書番号も付与しましょう。文書番号は後日その文書を引用するときに便利です。「『安全最優先のお願い　〇〇年〇〇月〇〇日　文書番号▲▲▲』でお願いした通り・・・・」のように後日文書を引用するとき特定しやすくなります。

(3) 文書のタイトルは端的な表現とし、目的をわかりやすくする（図8-1③）

文書のタイトルは、内容を端的に表すものであることが必要です。指示なのか、お願いなのか、依頼なのか、周知なのか、メッセージなのか、その文書の目的もタイトルの中で明確にしておくのが良いでしょう。

---

①
職場管理者の皆さん
従業員の皆さん

② 文書番号24-18
2024.7.1

③ 全国安全週間に向けて　みなさんへのお願い

みなさん、ご安全に

④　日ごろは、安全最優先で安定操業に励んでいただきありがとうございます。今年も全国安全週間を迎えるにあたり、私の安全への思いをお伝えしたいと思います。

　昨年は、みなさんの努力の甲斐あって休業無災害で操業することができましたが、今年は前半で不休災害が数件発生しています。これらが重篤な災害に連鎖することを防止しなければなりません。この安全週間をスタートに、まずは年末まで以下の事項に取り組んでください．

⑤　1. 管理監督者の皆さんへ
　　（1）第一線の皆さんと<u>対話し</u>作業の課題を把握し改善してください
⑥　（2）現場に出て<u>自分の目で</u>課題を把握し改善を進めてください
　　2. 現場第一線の皆さんへ
　　　　　　　　　　　　⑦
　　（1）職場の<u>安全鉄則</u>ルールを必ず守って作業を行ってください
　　（2）非定常作業では作業前に必ず<u>TBM</u>を行い安全対策を
　　　　確認し実行してください

　今年の夏も猛暑になりそうです。生産レベルも高水準な状況が続きますが、決してあわてず丁寧な作業をお願いいたします。<u>操業は挽回できますが、体は元に戻りません</u>。安全最優先でお願いいたします。

⑧　　　　　　　　　　　　　　　　　　　　以上
　　　　　　　　　　　　　　⑨
　　　　　　　　　　　　　　所長　安全　徹

図8-1　伝えたい事項を文書にするときに留意すべきポイント（事例）

⑷ **メッセージを発出する背景を記載（図8-1④）**

　文書の冒頭で、なぜこのような文書を発出することになったのか、その背景を述べることが大切です。背景を前置きすることによって、内容を理解しやすくなります。

⑸ **指示の相手を明確にする（図8-1⑤）**

　誰に指示する内容であるのか、誰にお願いしているのかなど、相手を明確にしなければなりません。伝えたい相手に管理者と作業者など、複数の階層や属性がある場合は、特にそれを明確にする必要があります。

⑹ **伝えたいことは箇条書きに（図8-1⑥）**

　伝えたい気持ちがたくさんある場合でも、思いがあふれるがままに長文にしてしまうと、相手の読む気を削ぐことになります。長い文章で書くのではなく、確実に伝えたいことは　1、2行の箇条書きにすることがポイントです。文書をすべて読まなくても、箇条書き部分を見れば、この文書の意図が伝わるようにすることがポイントです。

⑺ **わかりやすいキーワードを埋める（図8-1⑦）**

　箇条書きにした伝達事項の中にはキーワードを埋め込んでおきましょう。究極はそのキーワードだけが頭に残っていてくれれば良いという気持ちで、伝えたいことを凝縮するのです。また、発出する文書の浸透度をモニタリング（安全活動7参照）するとき、最低でもキーワードだけが回答できれば浸透しているとみなすこともできます。

⑻ **常に伝えているメッセージを入れる（図8-1⑧）**

　文書の最後には、発出者が常日頃から繰り返し言っていることを記載しても良いでしょう。管理者は文書だけでなく、会議での総括発言、職場ミーティングや研修会の最後のまとめなどで必ず言葉にする「こだわりのフレーズ」を持っておくことも大切です。

⑼ **直筆でサインする（図8-1⑨）**

　管理者個人として発出する文書の場合は、発出者が直筆でサインすることを推奨します。安全の事務局が名を借りて作っただけの文書ではないことを印象づけることができます。

4. 文書の発出の方法

　伝えたいことを文書化することによって多くの人に伝えることができますが、文書をただ配

布するだけでは不十分です。少なくとも、直接話ができる相手（例えばすぐ下の階層の部下）には、文書に記載のないニュアンスも含めた内容を肉声で伝えて、文書を渡すことが必要です。そして、それを受けた人は自分の部下にも同じように発出者のニュアンスを伝えて配布します。そして最終的には職場の掲示板に貼付したり、ポータルサイトに掲示したりするなど、文書をいつでもだれでも見ることができるようにしておくことが大切です。

5. 具体的事例

災害が発生した後に事業所長が再発防止の指示を出すという事例を用いて、良くない書き方と良い書き方を図8-2に示しました。

この文書で伝えたいことは、高所におけるフルハーネスの使用とTBM（ツールボックスミーティング）実施の2点です。

Aの文書はまず文字が多すぎて読む気になりません。さらに、文章に抑揚がないため、どこがポイントであるのか、何を伝えたいのかすべてを読むまで理解できません。

一方、Bの文書は、前段部分を読まなくても箇条書き部分に目が行きやすく、その中には「フルハーネス」と「TBM」という言葉がキーワードとして埋め込んでありますので、最低でもこの2点だけを頭に残してもらえば良いということになります。時間がない人でも、キーワードだけ認識してもらえば、伝えたいことの大部分は伝わったことになります。

また、箇条書きにしてキーワードを埋め込むことは、メッセージを発出する人の頭の整理にもなります。伝えたいことをできるだけ短い言葉にすると、どのような表現になるのかを熟考することは、伝えたいことの整理にほかなりません。伝える側の頭の整理ができていなければ、相手に伝わるはずもありません。発出者は自身の意思を短い言葉に凝縮することを意識しなければなりません。

安全活動8「文書による安全指示」のまとめ

1) 文書による伝達や安全指示は記録として残りますので、長く伝え続けることができます。そのメリットを最大限活用しましょう。
2) 文書でメッセージを発出するときは、伝えたい相手を明確にした上で、いつもの自分の声や姿が読み手にイメージできるようにしましょう。
3) 伝えたい大切な事項は1つか2つに絞り込み、短い言葉で箇条書きにしましょう。そこには頭に入りやすいキーワードを埋め込んでおきましょう。

災害内容：被災者は緊急のトラブル処置作業において、設備の上から8m下の地上に墜落した。トラブル処置作業を行うときは、TBMを行うこととしていたが、急いでいたので行っていなかった。その結果、現場でフルハーネスを使用するという安全対策が漏れ、作業中に墜落した。

△ 良くない書き方

従業員の皆さん

2024.10.11
所長 安全 徹

安全最優先のお願い

みなさん、ご安全に

今年に入って10カ月間、これまで皆さんにはさまざまな安全取り組みを行っていただき、無災害を継続してまいりました。しかし昨日、第一製造課でラインのトラブル復旧作業中に高さ8mの設備上から墜落する災害が発生しました。このトラブルは過去に発生した経験がないことから、復旧方法の作業手順書を作っておらず、その場で状況を確認しながら手順を決めなければならない事案でした。現在、生産要望量も増え、少しでもライン停止の時間を短くしたいという気持ちはあったと思いますが、非定常作業の前に行うこととしていたTBMを行わずに作業に入っていますので、災害の直接的な原因は高所作業でもかかわらずフルハーネスを使用していなかったことです。高所では必ずフルハーネスを使用してください。また、このトラブル復旧作業については作業マニュアルを必ず作りますが、作業手順書のないトラブル復旧作業では必ずTBMを行ってから作業を開始してください。

安全は皆さんご自身のみならず、ご家族のためにも、同僚のためにも、会社のためにも最優先事項です。この災害を自分のこととして考え、「生産は挽回できるが、体は元に戻らない」ということを肝に銘じて、改めて安全最優先で作業を行ってください。

以上

○ 良い書き方

従業員の皆さん

文書番号24-02
2024.10.11

安全最優先のお願い

みなさん、ご安全に

昨日、第一製造課でラインのトラブル復旧作業中に高さ8mの設備上から墜落する災害が発生しました（災害報告書参照）。全員参加で安全活動に励んでいる中、とても残念に思います。今回の災害の反省も踏まえ、以下の2点について徹底してください。

1. どのような場合でも高所ではかならずフルハーネスを使用すること。
2. 初めて行う非定常作業では、必ずTBMを行い共同作業者と安全対策を確認してから作業を開始すること。

「生産は挽回できるが、体は元に戻らない」ということを肝に銘じて、この災害を自分のこととして考え、改めて安全最優先で作業を行ってください。

以上

所長 安全 徹

図8-2 発出文書の良くない書き方と、良い書き方

第2章　現場作業者の安全意識を上げる

安全活動 9　危険感受性を伸ばす危険予知訓練

1. 目的

　危険予知訓練とは、危険を感じ取る能力を高めるために行う訓練です。人は危ないと思っていれば、そこに注意して行動し危険を回避することができる本能を持っています。日常作業においても幅広い視点で危険を感じることができるようになれば災害防止につなげることができます。危険予知訓練は作業の題材をテーマに、仲間と話し合い、危険に対する視点と知識を高めることを目的としています。

　危険予知訓練の考え方や手法は、中央労働災害防止協会が提唱しているゼロ災全員参加運動（ゼロ災運動）の中で取組手法として紹介され、すでに広く知られていますが、ここでは筆者なりの効果を高めるための留意点や考え方について解説します。

2. 危険予知訓練の方法

　危険予知訓練は基本的には以下の流れで行います。

① 題材としてマンガ絵や写真、実際に作業を行っている動画などを用意する
② 4～5人のグループを作り、その風景の中にある不安全状態、不安全行動を抽出し、安全対策を話し合い、回答用紙に記入する。討議の時間は30分くらいが適当
③ 複数のグループで行った場合は、話し合いの結果を発表しあう
④ 講師が講評する

3. グループの作り方と題材

(1) 新人教育、危険予知の導入教育など経験の浅い者に行うとき

　新人教育の一部として危険予知訓練を行うことは大きな意味があります。危険予知の基本を教え、日常作業の中でその習慣を身につけさせることが主な目的となります。まだ作業経験が少ないため、誰にでも理解できる家庭や事務所での日常作業を題材にして行うのが良いでしょう。例えば、部屋の照明交換作業、自動車運転、手押し台車による運搬作業（図9-1）などです。

(2) 異なる職場の同じ階層のグループで行うとき

　職場が異なるため、作業の経験も異なり、リスクに対する視点も多岐にわたりますので、それぞれの視点や知識をお互いに学びあうことが主な目的となります。題材の選定は職場が

図9-1　新人向け危険予知訓練の題材事例

図9-2　要素作業の危険予知訓練の題材事例

異なることを考慮しなければなりません。新人に行うような一般的な日常生活の題材は物足りないと思われる一方、特定の作業を題材にすると、その作業を知らない参加者もいるかもしれませんので避けた方が良いでしょう。一番良いのは参加者全員が知っていると思われる要素作業を題材として選ぶことです。例えば、クレーン玉掛け作業、フォークリフト運転作業、溶接溶断作業、足場組立作業、高所作業、旋盤使用作業などです（**図9-2**）。

(3) 同じ職場のグループで行うとき

　同じ職場の仲間で行うメリットは、ベテランから新人までの幅広い階層で行うことにより世代間の異なる視点を学びあえることです。新人はベテランの経験に基づく感性を学ぶことができ、ベテランは自分では忘れかけている新人のフレッシュな視点を感じ取ることが期待できます。同じ職場ですので題材は職場の作業を撮影した写真や動画を使用すると良いでしょう。

4. 題材の決め方、作り方

　市販されている図書や、インターネットでも危険予知訓練の題材は参考にできます。その中から、参加者の構成に適した題材を選択し使用するのが最も容易な方法です。

　一方、できるだけ実作業に即した訓練にしたいという場合は作業している写真を使いましょう。参加者の多くが経験している要素作業や、自職場の作業風景の写真を撮って題材としますが、作業を撮影する際、いくつか留意すべき点があります。

　1つ目は、風景の中に作業をしている人を必ず入れることです。作業する人が入っていないと、作業者の行動を想像することが難しくなり、討議で挙げられるリスクは整理整頓不良や設備の問題点等に限定されてしまいます。行動面のリスクを出しやすくするために、参加者が感情移入できる作業者を写真に入れておくことが必要です。

　2つ目は、作業者の行動や周りの風景の中に、気づいてほしい不安全行動や不安全状態を混ぜ込んでおくことです。危険予知訓練の初心者にとっても見つけやすいリスクを敢えて入れておくことで、議論に入りやすくなります。

　3つ目は、題材に動画を使用する場合の留意点です。写真やマンガ絵と異なり、動画は情報量が多いことと臨場感があるというメリットがある反面、それを見るのに時間がかかるというデメリットがあります。さらに、詳細に見ようとすると巻き戻したり、一時停止して静止画にしたりしなければならないというわずらわしさもあります。そのため、動画は時間を必要以上に長くしないことに留意しましょう。できれば1、2分とすることを推奨します。また、動画を使用する場合は、見る時間を考慮してマンガ絵や写真を用いるときよりグループ討議の時間を長めに設定する必要もあります。

5. 指導のポイント
(1) リスク抽出は数が勝負

　危険予知訓練は文字通り危険を予知する訓練です。言い換えれば想像力を磨く訓練ですので、リスクを少しでもたくさん抽出させることが大切です。誰かが発言したリスクをお互いに否定せず、「あるある！」と肯定することで、多くのリスクが出やすくなります。

　危険予知訓練では挙げたリスクに対する対策も検討してもらいますが、抽出リスクが増えれば対策もたくさん考えることになり安全知識を幅広く身につけることが期待できます。抽出した数々のリスクを1つに絞り込む必要はなく、対策も絞り込む必要はありません。思いつくまま意見を出し合うことに意義があり、リスク抽出の数が勝負と言えます。

(2)「3+1の危険予知」

危険予知訓練におけるリスク抽出は、できるだけ具体的に述べる（表記する）ことが大切です。例えば、脚立に乗って壁を塗装している作業（**図9-3**）の危険予知訓練において、リスクが「脚立からの転落」、その対策が「脚立の天板に乗らない」という内容では不十分です。

具体的にリスクをイメージさせるために「3+1の危険予知」を推奨します。「3+1」とは、①行動・行為、②現象・きっかけ、③被災、の3つに加えて、④対策の4点をイメージして危険予知するという考え方です（**表9-1**）。

図9-3　脚立に乗って壁の塗装を行う作業

表9-1　「3+1の危険予知」のイメージとケガ防止効果

<table>
<tr><th colspan="2"></th><th>「3+1」の危険予知例</th><th>必要な力</th><th>ケガ防止効果
（イメージ）</th></tr>
<tr><td rowspan="3">危険の想像</td><td>①行動</td><td>塗装作業で壁にロールを押し付けたとき
（～したとき、～しようとしたとき、～の作業中）</td><td rowspan="3">想像力</td><td rowspan="3">90%</td></tr>
<tr><td>②現象</td><td>脚立が滑って倒れ
（～となって、～が起こり）</td></tr>
<tr><td>③被災</td><td>墜落して足を骨折する
（～こんなケガをする、～の恐れがある）</td></tr>
<tr><td colspan="2">④安全対策</td><td>脚立を水平に保ち、脚立の足の滑り止めを確認する
（～を行う、～しておく、～を準備する）</td><td>知識</td><td>10%</td></tr>
</table>

「3+1の危険予知」ではリスクの表現が具体的になりますので、対策もより具体的になってくるはずです。危険予知訓練で「3+1」に慣れると、実作業前に危険予知を行うときも具体的に考えることができるようになります。

「3+1の危険予知」のうち、最初の3つを挙げるには想像力が必要となります。①この人は何をしようとするか、どんな作業を行うのか（行動）、②そのとき、どんなことが起こるか（現象）、③そしてどんなケガをするのか（被災）。いずれも想像力が生み出すものです。

一方、最後の1つ（安全対策）に必要な能力は知識です。脚立であれば、水平に置く、足に滑り止めが必要、天板に乗らない、跨いで使用しないなどの基本ルールがありますが、その知識がなければ適切な対策を思い浮かべることはできません。

「3+1の危険予知」を指向することで、行動からケガに至るストーリーを想像する力を磨くことができ、対策を話し合うことで安全知識の幅を広げることができます。

実作業においてもリスクを想像さえしていれば、そのリスクによるケガは起きにくいもので

す。事実、災害のほとんどは、作業者が想定していなかった事象や、管理者が認識していなかったリスクが起点になって発生しているものが多いのではないでしょうか。言い換えればケガはノーマークの事象が原因で発生するということです。リスクをいかにたくさん想像できるかが、災害防止の重要なカギになります。「3+1」の最初の3つをたくさん見つけ出せるよう危険予知訓練で想像力を磨きましょう。

6. 危険予知訓練で求めるリスク抽出件数

　先にも述べましたが、危険予知訓練が想像力を磨く訓練である以上、回答は多ければ多いほど良い成果が得られます。討議時間30分程度であれば、20件以上は求めたいものです。20件というと多いように感じるかもしれません。ただ、どのような題材であっても、最初の数件は誰でも容易に思いつくものであり、そこで終わっていては訓練にはなりません。例えば20件以上のリスクと対策を求めると、10件くらいは次々と出てきてもそれ以上は簡単には出てきません。しかし、そこから絞り出すのがまさに訓練なのです。

　題材の中にない条件を追加してリスク抽出しても良いことにすると、出やすくなります。例えば「もしこの作業場は、横をフォークリフトが走る場所だったら…」、「もしこの場所が炎天下だったら…」のように追加の仮定を置くことも認めるのです。この仮定を置くことも想像力の1つになりますのでより充実した訓練になります。

　20個のリスク抽出を受講者に求めるために、講師はあらかじめ30個くらい答えを用意しておきましょう。講師があらかじめリスクと対策をイメージしておけば、グループ討議においてヒントを示したり助言したりすることにも活かせますし、講評するときにも引用できます。

7. 回答記入用紙例

　回答記入用紙は「3+1の危険予知」を誘導する様式にしておきましょう（図9-4）。さらに安全対策は、その場でできる対策と、設備改善などの恒久対策の2種類で回答してもらうのが良いでしょう。

　さらに、できるだけ多くのリスクを抽出してもらうために回答欄は最低でも20行は用意しておきましょう。多くの場合、様式の行数が5行であれば5件で討議を終え、10行であれば10件挙げると安心してしまって討議をやめてしまいます。20件求める以上、様式も20行以上必要です。

危険予知訓練討議記録シート				
	①～しているとき、②～が起こって	③被災内容	④安全対策	
			その場で行うべきこと	設備改善など
1				
2				
3				
4				
5				
6				
19				
20				

図9-4 「3+1の危険予知」の考え方に基づいた危険予知訓練記入様式事例

安全活動9「危険予知訓練」のまとめ

1) 危険感受性と、安全知識を伸ばすために危険予知訓練を行いましょう。
2) 危険予知訓練はリスクに対する想像力を磨くのが目的です。抽出するリスクの数が多ければ多いほど良いという姿勢で指導しましょう。
3) 「3+1の危険予知」の考え方を取り入れ、具体的な行動やリスクのイメージと、具体的な対策について考えることができるようにしましょう。
4) 災害は関係者がノーマークのところで発生するものです。日常作業の中でノーマークの部分を少なくするために危険予知訓練を活かしましょう。

第2章 現場作業者の安全意識を上げる

安全活動 10　非定常作業前に安全確認を行うTBM

1. 目　的

　TBMとは「Tool Box Meeting」の頭文字を取った略号です。ツールボックス、すなわち道具箱を囲んで現場で行うミーティングを指し、作業を始める前に、現場で共同作業者とともに、作業の手順を確認し、作業のリスクとその安全対策を話し合うことを言います。作業前にその作業の危険予知（安全活動9参照）を行うことでもあります。

　主に非定常作業の前に行うことが大切であり、初めての作業、慣れていない作業を安全に進めるために行うことを目的としています。ここでは効果のあるTBMの方法について解説します。

2. 方　法

(1) TBMを行うべき作業を決める

　TBMは作業前にその作業の安全を確保するために行うものですが、日常的に行っている作業は作業手順書に基づいて行うため原則としてTBMは必要ありません。TBMを必要とするのは初めて行う作業、久しぶりに行う作業、慣れていない作業などであり、いわゆる非定常作業です。

　あらかじめTBMを行うべき作業を職場で定めておきましょう。非定常作業は文字通り「作業手順書がなく、定常ではない作業」を意味しますが、その解釈や範囲も個人によりばらつきます。職場でばらつきが生じないよう「非定常作業とは」という形で具体的に決めておくことが大切です。

【TBMを行うべき非定常作業の決め方の事例】

- 初めての作業、久しぶりの作業を行うとき
- 初めてのトラブル処理を行うとき
- 作業手順書があるトラブル処置作業においても、そのトラブル内容が作業手順書の前提と異なるとき
- 30分以上かかる作業を行うとき
- 3人以上で作業を行うとき
- 整備・工事作業において当初決めた施工手順通りに作業が進められないとき
- 自主改善作業を行うとき
- 作業手順書がある作業においても普段と作業環境が異なるとき（屋外/屋内、天候、隣接する作業が普段と異なる等）
- 作業手順書がある作業においても、共同作業者に新人など作業経験が浅い者が含まれるとき
- その他、TBMを必要と考える作業を行うとき

(2) TBMの方法

TBMは作業指揮者が中心となって手順やリスクを共同作業者に周知し、安全指示を行うことになりますが、共同作業者からもどのようなリスクがあるか、安全対策としてどこに注意すべきかなど意見を聴くようにしましょう。TBMは以下の流れで行います。

① 共同作業者が作業場所に集合する

TBMは、共同作業者全員が作業内容や手順を理解し、手順ごとのリスクと安全対策（気をつけること）を認識できる形で行わなければ意味がありません。したがって全員が集合してから行うことが必要です。

② 作業指揮者がTBMを進める

慣れない非定常作業を行うので、一人ひとりが思い思いに作業を進めたら安全な作業ができるはずもありません。作業指揮者を決め、作業指揮者が中心になってTBMを進めます。TBMでの話し合いを円滑にわかりやすく進めるために作業指揮者はあらかじめ作業手順、リスクと安全対策をイメージし、書いておきましょう。

③ 作業の手順を確認する

これから行う作業の手順を全員で確認します。このとき、作業の手順はできるだけ細かく分割してイメージすることが大切です。例えばバルブ交換作業であれば（図10-1）、

1) バルブスタンドに新しいバルブを持っていく
2) バルブを交換する
3) 外したバルブを片づける

図10-1　バルブ交換作業

だけでは不十分です。バルブを交換する作業だけでも、ボルトのつけ外し手順、バルブを吊り下ろす手順、バルブを床に置く手順など、実際の作業手順は詳細にわたるはずです。TBMにおいても、作業手順を細かくイメージすることによって、その作業手順に潜むリスクが思いつきやすくなります（表10-1）。

④ 作業手順ごとの役割を確認する

手順を確認したら次に手順ごとの役割分担を決めます。作業経験の有無、作業や対象設備に対する知識の有無、保有資格などを考慮して作業指揮者が役割を決めます。主に作業する者、それを補助する者。あるいは上で作業する者、下で作業する者などです。

⑤ 作業手順ごとに考えられるリスクとその安全対策を確認する（危険予知）

③で確認した作業手順ごとに、作業に潜むリスクとその安全対策を確認します。危険予知を行うということです。危険予知訓練（安全活動9参照）でも述べたように、TBMでも「3

表10-1 バルブ交換作業における作業手順の分解事例

粗い手順	分解された手順
①バルブをバルブステーションに運ぶ ②バルブを交換する ③外したバルブを片づける	①バルブ交換場所のスペースを確保する ②バルブをバルブステーションに運ぶ ③交換対象バルブをチェーンブロックで保持する ④取り付けてあるバルブのフランジのボルトを外す ⑤バルブをチェーンブロックで吊り下ろす ⑥バルブを床面に置く ⑦新しいバルブをチェーンブロックで吊り上げる ⑧バルブの設置位置に合わせる ⑨バルブのフランジのボルトを締める ⑩リークテストを行う ⑪外したバルブを片づける

+1の危険予知」のイメージを意識して話し合いましょう。1つの手順に対してリスクが1つとは限りません。考えられるリスクをできるだけイメージすると良いでしょう。

また作業指揮者から、リスクと安全対策を伝えるだけではなく、共同作業者からも気づいたことがあれば積極的に意見を出してもらうことが大切です。そのために作業指揮者は意見を引き出しやすい問い掛けを心掛けましょう。

⑥ 中間TBMを行うタイミングを確認する

⑤までの流れで作業を開始することができますが、作業途中でもう一度TBMを行う（中間TBM）ことを決めておいた方が良い場合があります。例えば、設備の内部で発生したトラブルを復旧する作業の場合、作業前にある程度の作業のイメージを摑むことができても、設備のふたを開けてみないと内部がどのように故障しているのかわからないというケースもあるでしょう。このような場合、ふたを開けて内部の状況が判明した時点で再度TBMを行うということを決めておくのです。

また、状況の変化が想定されなくても、作業を始めて2時間経過した時点でもう一度TBMを行うというような決め方もあります。いずれの場合も、流れに任せて各自の判断で作業を行ってしまうのを防止するのが中間TBMの目的です。作業の切れ目や、要所要所で中間TBMを行うようにしましょう。

(3) TBMの記録

TBMは記録に残すことを推奨します。記録に残す目的を次に示しますが、いずれの目的においてもTBMの記録はTBMを行った後や作業終了後に書くのではなく、TBMを行う前ある

いはTBMを行いながら書くことが肝要です。

① 作業指揮者の頭の整理のため

作業指揮者はTBMを行う前に、作業手順やそのリスクなどをあらかじめイメージしておく必要がありますが、それを書くことによってイメージが明確になり、頭の整理をすることができます。また書いたものがあれば実際にTBMを行うときに漏れなく指示することもできます。

記録は所定様式のシートへの記入でも良いですし、ホワイトボードやタブレットを使って行っても良いでしょう。

② 共同作業者の理解を深めるため

あらかじめ作業指揮者によってTBMの内容が書かれていれば、共同作業者は目と耳で内容を確認でき、理解も深まります。さらに、手順やリスクの抜けにも気づきやすくなり、より意味のあるTBMが可能になります。

③ TBMを評価するため

TBMの記録があれば、管理者をはじめとして職場の同僚たちも後からそれを見ることができます。管理者はそのTBMが適切であったかどうか確認でき、必要であれば指導することもできますし、褒めることもできます。また職場の同僚は、他の作業グループが行ったTBMを確認でき、次に類似の作業を行うときの参考にもなります。

④ 作業手順書作成時の参考資料とするため

TBMを行った非定常作業の頻度が高くなってきたとき、それを作業手順書として整備することがあるでしょう。作業手順書を作成するとき、その作業の過去のTBM記録は、貴重な参考資料となります。実際に現場で作業を行った人が残したTBM記録には、ただ机上で作業をイメージするよりも生の情報が多く、より現実的な作業手順書を作成するための資料になるはずです。

作業を終えた後、作業前のTBMの時点では気づかなかったリスクや安全対策などがあれば、それを記入しておくことによりさらに有効な資料となります。

(4) TBMの記録様式

TBMを記録に残す場合、その記録様式をあらかじめ作成しておくことが必要です。TBMに限りませんが、記録様式はチェックリストの役割も果たします。例えばTBMでは作業指揮者を定めなければなりませんが、記録様式に作業指揮者を記載する欄があれば、それを記録するとき、忘れずに作業指揮者を決めることができます。言い換えればTBMで話し合ってほしいことを様式に欄として作っておくということです。

図10-2に標準的なTBMシートの様式を示します。なお、ホワイトボードを使用してTBMを

非定常作業TBMシート

					課長	安全担当	係長	班長
日時	2024年9月2日 13:20〜15:00		場所	水配管バルブステーション				
作業名	水配管中間バルブ交換作業		図解					
指揮者	朱宮	作業者	古賀、安藤		連絡	佐野班長		
停止処置	水配管元バルブ閉							
保護具	保護めがね							
道工具	スパナ、シノ、手押し台車、チェーンブロック							

	手順	担当	予想される危険	対 策
1	バルブ交換場所のスペースを確保する	A,B,C	歩行中、高温配管に触れて火傷	高温配管のないルートで向かう
2	バルブをバルブステーションに運ぶ	B,C	運搬中手押し台車が倒れて足に当たる	台車にバルブを固縛する 段差のない運搬経路で運ぶ
3	交換対象バルブをチェーンブロックで保持する	A	チェーンブロックが外れて体に当たる	梁へ確実に連結する
4	取り付けてあるバルブフランジのボルトを外す	B,C	スパナが滑り手を打つ 外しきったときにバルブが落ち足に当たる	スパナは力任せに回さない 最終ボルトを外すとき足を下に置かない 外しきるとき全員に合図を送る
5	バルブをチェーンブロックで吊り下ろす	A	バルブが落下し手に当たる バルブと配管の間に手を挟む チェーンブロックが落ちる バルブに積もったほこりが目に入る	バルブにアイボルトを確実につける バルブのフランジ部に手を添えない 梁への連結を再確認する 外す前にバルブに積もったほこりを除去
6	バルブを床面に置く	A	バルブが倒れて足に当たる	転倒防止のくさびを入れる
7	新しいバルブをチェーンブロックで吊り上げる	A	バルブが落下し手に当たる	バルブにアイボルトを確実につける
8	バルブの配置位置に合わせる	A	位置調整をしているときに指を挟む	シノを使って穴合わせる チェーン巻き上げ時はバルブに触れない
9	（次項に続く）			
（作業後の反省、感想、提案） チェーンブロックを取り付ける梁が中心からずれていたため吊り上げにくかった。				（管理者コメント）

図10-2 非定常作業TBMの記録様式事例

行う場合は、あらかじめ必要なTBMの項目を記載したマグネットシートを用意しておくと内容の漏れを防止できます（**図10-3**）。ホワイトボードを使用した場合は作業後に写真を撮って記録を残しておくと良いでしょう。

【様式に含めるべき事項】
・日時　　・作業場所　　・作業者（指揮者、役割）　　・作業名
・事前連絡要否とその相手　　・必要な道工具　　・必要な資格
・条件設定（事前に遮断するスイッチ、バルブ等）
・作業手順　　・手順ごとに想定されるリスクとその安全対策
・図示などができる欄　　・作業終了後の気づき欄　　・管理・監督者確認欄

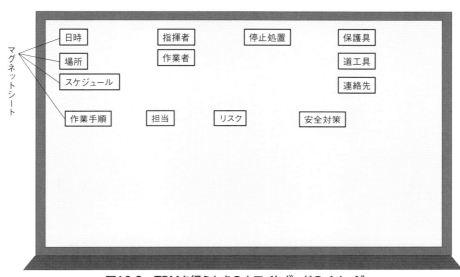

図10-3　TBMを行うときのホワイトボードのイメージ

3. TBMのフォロー

　非定常作業においてTBMで安全作業を確実なものにするためには、管理者によるTBMのフォロー、評価が欠かせません。本来は管理者がTBMを行っている場面に立ち会って内容を確認し、評価することが理想です。ただ、TBMそのものを観察することができなくても、安全パトロールなどで非定常作業に遭遇した時は、作業者に声を掛け、TBMでどのような安全確認を行ったのかをヒアリングしてみるのも良いでしょう。その回答によってTBMの妥当性や、内容の作業者への浸透度を確認できます。

　TBMの記録を残している場合は、管理者はTBMの記録を見て、それが適切に行われているかを確認しなければなりません。そこでTBMが不十分であると感じた場合はTBMを行った作業指揮者に指導する必要があります。評価や指導は記録にそのコメントを記載してTBMを

実施した人に返すという方法が良いでしょう（安全活動15参照）。

安全活動10「TBM」のまとめ

1）非定常作業前にはTBMを習慣化させましょう。
2）TBMを行うべき非定常作業を職場で決めておきましょう。
3）TBMを行ったときは記録に残し、管理者はその記録を確認し、意義あるTBMになるよう指導しましょう。
4）定着のためのポイントは、管理者が現場で行っているTBMに関心を持つことです。積極的にTBMの場に立ち会い、レベルアップを図りましょう。

第2章 現場作業者の安全意識を上げる

安全活動 11　現場の意見を吸い上げるスモールミーティング

1. 目　的

　安全管理は管理者から一方的に与えるものではなく、一人ひとりが安全を自分のこととして考えてもらうことが欠かせません。全員参加が原則です。安全教育を受講する、危険予知訓練を行うなど安全活動に参加することも必要ですが、受け身の参加だけではなく、安全のためにやるべきことを考え、意見を言うことも大切な全員参加の1つです。作業している人にしか知り得ない情報を提供したり、仲間と安全に関して意見交換したり、知識を共有したりすることも安全管理への参画と言えます。

　ここでは、そのような話し合いの場としてのスモールミーティング（少人数で行う意見交換）の方法について解説します。

2. 方　法

　スモールミーティングとは職場で数人の仲間が集まり、一定のテーマについて自由に意見交換するミーティングを指します。災害が発生したときに、その災害をテーマとして話し合ったり、新たな安全活動を開始する前に意見を出し合ったり、何もなくても定期に行うなど、目的に合わせて行います。

(1) グループの構成

　すべての参加者に発言の機会が与えられるよう少人数で行うのが基本形です。4,5人が理想ですが多くても10人までとするのが良いでしょう。メンバーの中には議論を目的通りに進行することができるリーダー的な存在の参加者を置き、どのような議論になったのか後から報告してもらうことも大切です。

　グループはスモールミーティングのテーマや目的に応じて同じ職場のメンバー、年齢が近いメンバー、異なる職場から参加した知らない人同士のメンバーなどいろいろなパターンが考えられます。

(2) 場所と時間

討議時間は1時間程度で、静かな会議室や研修室などで行うのが良いでしょう。討議を和やかに活発にするために、お菓子や飲み物などを用意することも推奨します。

(3) 動機づけと進め方

冒頭で、ミーティングを行う目的や背景などをリーダーが参加者に説明し、問題提起を行います。テーマを提示しても誰も口火を切ってくれないようなこともありますので、リーダーはテーマに沿った内容で具体的な質問をあらかじめ用意しておくのが良いでしょう。例えば発生した災害をテーマにした討議であれば、「初めて災害のことを知ったとき、どう感じましたか？」のような質問です。答えやすい質問から入り、その回答についてさらに意見や感想を促すことで討議が深まっていきます。

また、討議が発散したままで終えないようにするために、討議の結果の出し方をあらかじめ提示することをお勧めします。例えば、「○○について3つの提言をまとめる」、「やるべきことを5つ決める」など、討議の結果を箇条にまとめるように促すと、時間内にまとまった結論が出やすくなります。さらに箇条でまとめてもらうことにより、複数のグループで討議を行った場合、総括しやすくなります。

(4) 討議記録

討議は行うだけでも一定の効果は期待できますが、できれば結果を記録に残すことを推奨します。記録には参加者の意見や知見が含まれるはずです。それは管理者にとって貴重な情報となります。また、記録を取るときはひとつひとつの意見や発言が誰からのものなのかわかるようにしておくのが良いでしょう。一人ひとりの思いや意識を確認でき、管理者にとってはその後、個人との対話に役立ちます。ただ、それを明記することで自由な発言を妨げるような雰囲気がある場合は、発言者の記載にこだわる必要はありません。

3. 討議テーマの選び方

議論や意見交換の意義を深めるために最も大切なのは討議テーマです。参加者に考えを深めてもらいたい事項をテーマにするのが基本です。例えば「安全確保のために自分が行うこと」、「ゼロ災を目指して今何をすべきか」などのような、前向きな結論を求めるテーマは、一人ひとりの安全宣言にも似た結論が出てくるはずですから、安全行動を浸透させる効果が期待できます。

一方で、スモールミーティングを繰り返し行い、参加者がそれに慣れてくると、前向きな行

動宣言やあるべき姿の結論を求めても、管理者が日頃から言っているような当たり前の正論をまとめて完了というような形になってしまう恐れがあります。正論を語り合うだけの討議を避けるためには、負の情報や職場の課題などを挙げてもらうようなテーマに設定するのが良いでしょう。例えば、「安全ルールの順守を阻害する要因は何か」、「意味を感じていない安全取組みは何か」、「職場の設備で直してもらいたいところはどこか」、「自分の職場でケガするとしたらどの作業を行っているときか」など、参加者が感じている心の中のリスクや課題を挙げるテーマとするのです。このようなテーマで行ったスモールミーティングでは、管理者が普段知り得ないリスクや課題が出てくる可能性もあります。

スモールミーティングを実施する前にあらかじめテーマを知らせておき、自分の意見を準備しておいてもらうのも良いでしょう。いきなり言われて意見がなかなか出てこないことを回避できるばかりでなく、参加者が事前準備で頭の整理をしてくれる効果も期待できます。

4. スモールミーティングの実施事例

(1) 職場の安全活動について討議する

対象：職場内メンバー

狙い：職場で行っている安全活動について、その効果、納得感、負担感など、一人ひとりがどう感じているのか考えを述べ合う。出された意見を安全活動の取捨選択や見直しを検討する際の材料とする。

討議のまとめ事例

「実効ある安全活動を行うための大切なことを3つ挙げてください」

「現在行っている効果のある安全活動を、理由とともに3つ挙げてください」

「安全活動が形骸化する要件を5つ挙げてください」　　　　など

(2) 職場のリスクについて討議する

対象：職場内メンバー

狙い：作業や職場のリスクについて、各自の感じていることについて話し合い、危険感受性を高めあうと同時に管理者に対してリスクや課題を提言してもらう。

討議のまとめ事例

「職場でケガをする可能性が高い作業を3つ挙げてください」

「最もやりたくない作業、避けて通りたい作業を3つ挙げてください」

「管理者に知っておいてほしい職場のリスクを5つ挙げてください」　　など

(3) 発生した災害について討議する

対象：職場内メンバー

狙い：自職場で起こった災害について原因と対策について、一人ひとりが意見を述べ合い、再発防止の心構えを確認する。

討議のまとめ事例

「この災害を未然に防止するためには何をすべきであったと考えますか」
「報告されている原因以外に考えられる発生要因を2つ挙げてください」
「再発防止のために自分たちはこうするという3つの宣言をしてください」
「最近の災害に共通する要因を1つ挙げてください」
「災害防止のために管理者にお願いしたいことを3つ提言してください」　　など

(4) 新人同士の意見交換

対象：新入社員、作業の新人（数カ月の業務経験後）

狙い：経験も知識も未熟な新人同士が語り合い、自分の安全確保のために何をすべきか、職場がどうあるべきかなどを話し合い、安全意識と知識を磨く。また、安全ルールや安全活動について話し合うことによって、その目的などの理解を深める。

討議のまとめ事例

「仕事を始めてこれまでの間、一番危ないと思った瞬間は何をしていたときですか」
「自分の体を守るために自分たちが心掛けるべき5箇条を提案してください」
「安全の鉄則ルールが必要であると思えたときはどのようなときですか」
「安全作業を行うために上司や先輩にお願いしたいことを3つ挙げてください」
「安全作業を確実に行うために教えてほしいことは何ですか」
「これまでに心に残った安全確保のための先輩や上司の言葉を教えてください」　など

(5) 監督者（職長）同士の意見交換

対象：監督者、職長クラス（同じ職場の監督者同士、他職場の監督者）

狙い：監督者としての苦労や指導の成功事例、失敗事例などの紹介を通じて監督者のあるべき姿について再認識する。

討議のまとめ事例

「監督者としてやってはいけない5箇条を提案してください」
「監督者の心掛け10箇条を提案してください」
「安全指導の失敗事例を5つ挙げてください」

「後任の監督者に残したい10の言葉を提案してください」　　　など

(6) 協力会社同士の意見交換

対象：協力会社の監督者、職長クラス

狙い：協力会社の立場としての苦労や悩みを共有し、その対応をそれぞれがどのように行っているか紹介しあう。また、個々の会社では発注者に言いにくいことを意見集約して提言してもらう。

討議のまとめ事例

「協力会社の悩みをいくつか教えてください」

「発注者にお願いしたいことを5つ挙げてください」

「発注者の指示で困った事例と、発注者の支援で助かったことをそれぞれ3つ挙げてください」

「自社の上司指示と、発注者からの指示で板挟みになった事例を教えてください」

など

(7) 協力会社と発注者の意見交換

対象：協力会社の管理・監督者＋発注者（自社）の管理・監督者

狙い：日常的な業務に関するやり取りとは別に、安全管理に関する自由な意見交換を行うことにより、風通しの良い関係を構築する。

討議のまとめ事例

「協力会社職場における最近の自慢話を3つ教えてください」

「協力会社に対して行っている安全指示のうち、できればやめてほしいことを3つ挙げてください」

「協力会社社員の中で、仕事や行動をよく観察してほしいと思う人をその理由とともに教えてください」

「改善してほしい設備や作業環境のワースト5を挙げてください」

「最近あった、発注者からの指示や言葉でうれしかったこと、残念だったことを教えてください」　　　など

　上記に示したように、まとめを箇条書き形式で挙げてもらうことにより、意見を総括しやすくなります。また、「監督者のやってはならない5箇条」のようなものが各グループから集まれば、監督者の意識を把握できるばかりでなく、それをもとにして監督者教育に活かすこともできます。

5. 実施するときの留意点

　討議のリーダーは、参加者から出された意見をけっして否定せず、肯定的なコメントを行うことに心掛けましょう。また、グループ内で漠然とした抽象論や正論を語り合っているようであれば、具体的な事例について質問するなど、討議を深める助言が必要です。

安全活動11「スモールミーティング」のまとめ

1) スモールミーティングを行って関係者一人ひとりの意見を吸い上げましょう。
2) 討議するテーマは、普段は言いにくいような現場の課題や問題、作業者の心の中にあるリスクを抽出できる内容にしましょう。
3) スモールミーティングでは討議のまとめ方を明確に示しましょう。議論が発散せず、それぞれのグループの意見を集約するときも便利です。

第2章　現場作業者の安全意識を上げる

安全活動 12　安全意識の浸透と、職場の課題を見つけるアンケート

1. 目 的

　一般的にアンケートは実態を把握することを目的として行われますが、アンケートを管理者の意思を伝達する手段として活用することもできます。質問事項を工夫することにより、作業者に認識してほしいこと、行動に移してほしいことなどを浸透させ、自身の行動を振り返ってもらうことができます。また、アンケートを活用すれば、声を出して言いにくい職場の課題をすくい上げることも可能です。

　ここでは、意思を伝達する目的と、職場の課題を抽出することを目的とした2種類のアンケートについて、その作り方と活用方法について解説します。

2. 意思を伝達するためのアンケート

　みなさんはアンケートに回答するとき、質問の内容からアンケート作成者の意図を感じたことはありませんか。例えば、交通安全の推進団体がアンケートで「急いでいるときでも横断歩道で信号を守りますか」という質問をすれば、その団体はYesという回答が多いことを願っているのだろうと感じます。また、航空会社の行うアンケートで「国内旅行をするとき主にどの交通機関を使いますか（選択肢：飛行機・鉄道・バス・自家用車・その他）」という質問をすれば、きっと飛行機の比率が高い結果になることを願っているのだろうなと、なんとなく感じると思います。

　このような「アンケートに回答する人の詮索」を逆手に取るのがここで解説するアンケートの狙いです。アンケートに回答する過程で、アンケート作成者の意思を伝えようというものです。「信号を守る」かどうかの集計結果を知ることより、回答者に「急いでいても信号は守らなければならない」という意思が伝わることが肝になります。

　以下にそのアンケートの作り方と活用方法について解説します。

(1) アンケートの作り方

　こうあってほしい、これをしてはならないなど、回答者に伝えたい事項をまず集めます。そしてそれらをすべて質問文にしてYes/Noで回答できるようにします。例えば「安全最優先で作業をしてください」ということを伝えたいときは、「作業を効率よく行うために安全がおろそかになることがありますか」というような質問文にするのです。この質問に対して、回答者は、Yesはダメな回答で、Noが優等生の回答であろうと容易に推測できます。どちらの選

択肢を選んだとしても、アンケート作成者が持つ「安全を最優先しなさい」という意図を回答者は感じるはずです。こうしてアンケートの質問文を読ませて意図を理解させるというのがこのアンケートの目的です。伝えたいことや浸透させたい事項と、その場合の質問文の事例を列挙します。

【伝えたいことを質問文にする事例】　　（◆：伝えたいこと　→質問文）

- ◆他職場の災害情報を読んで教訓にしてほしい
  - →他職場の災害報告書を見ても、「自分は大丈夫」と思うことがありますか

- ◆急いでいるときも安全ルールは守ってほしい
  - →急いでいるときなど大切なルールを省略したくなることがありますか

- ◆職場の仲間に引きずられて不安全行動をしないでほしい
  - →同僚のルール違反を見ても、自分も守れないと思ったら見て見ぬ振りをすることがありますか

- ◆先輩の指示であっても不安全な行動やルール違反をしないでほしい
  - →先輩に指示されたらルール違反作業でもやらざるを得ないと思いますか

- ◆どんなケガでも、隠さず報告してほしい
  - →些細なケガであれば報告せず自分で処置すれば良いと思いますか

　これらの質問はYesかNoかどちらの回答が「模範解答」であるのか明らかです。その「模範解答」を認識してくれれば良いのです。また、模範解答に照らして自分自身の普段の行動や考えについて振り返ってもらうことも大きな目的です。

　回答者に自分をしっかりと見つめてもらうため、このような質問文を作るとき留意すべきことがあります。例えば「誰も見ていないときでもルールを守りますか」とストレートに質問すると、多くの人が迷わずYesと回答すると思います。しかし、「誰も見ていないときルールを守らないときがありますか」や「誰も見ていないときルールを守らずにやりたいと思うときがありますか」と尋ねると、そういうときもあるなと思い浮かべてくれるかもしれません。「〜ときがある」、「〜かもしれない」、「〜と思うときがある」など、質問文の文末を工夫して、回答者を安全な場所に置いてあげた上で、小さな告白に導くような質問にすると自身の普段の行動や考えを振り返ってもらいやすくなります。

(2) 実施方法

　アンケートシートやスマートフォンのツールを活用してアンケートを行います。アンケートは記名式で行うことを推奨します。もちろん記名にすることで回答内容に影響を与えることがあるかもしれません。しかし、質問文を読んでもらうことが目的ですから、影響があってもかまいません。それよりも、記名式で行うことは、良くない方の回答を選択した人に、その詳し

い事情を確認できるメリットがあります。例えば「誰も見ていないときにルール違反したくなるときがある」という質問にYesと回答した人がいたら、その人にどんなときにそう思うのか尋ねることができます。その結果、管理者が知らないことが現場で起こっていたり、ルール違反の温床を発見できたりするかもしれません。記名式にすることによってアンケート実施後の活用の幅が格段に広がります。記名式が困難で無記名で行う場合であっても、職場や役職、年齢など回答者の属性は回答してもらうのが良いでしょう。集計するときにさまざまな考察が可能になります。

(3) アンケートの活用

このアンケートでは管理者の意思を伝えることと、自分自身の行動特性に気づいてもらうことが目的ですから、本来集計は必要ありませんが、せっかく行ったアンケートなので集計してみましょう。すると職場全体の意識や課題の傾向を感じることができると思います。

また、アンケートで集計を行ったら、考察したこと、管理者が感じたことなど、集計結果とともに回答者に伝えることが必要です。回答者は他の人がどう回答したのかなど知りたいはずですし、アンケート結果に基づいて管理者が今後どのようにしていくのかを伝えることも必要です。

3. 意思を伝達するアンケートの具体的事例（KKマッピング）

ここでは「危険感受性」、「危険敢行性」という個人の特性に気づいてもらう目的で行うアンケートを紹介します。

「危険感受性」とは危険を危険として認識できる特性です。設備・作業に関する知識と危険かもしれないと思う力を複合したものが「危険感受性」です。一方「危険敢行性」とは「危険感受性」と関係なく、実際の行動において不安全なことを意識的に、あるいは無意識にやってしまう特性です。効率の良さを求める本能とも言えます。

作業者には危険感受性を高め、危険敢行性を抑えて行動することが求められますが、KKマッピングは危険感受性と危険敢行性を診断するアンケートに回答し、その結果から自身の行動特性に気づいてもらうことを目的としています。

(1) アンケートの内容

質問事項を**表12-1**に示しますが、「危険感受性」と「危険敢行性」についてそれぞれ21問の質問があります。これらの質問にYes/Noで回答してもらい、それぞれ網掛けの回答と一致した数が評価点となります。

表12-1 KKマッピングの質問文

感受性判定チェック

No	質問	回答	
1	他職場の災害報告書を見て、自分の日頃の行動や作業のやり方を振り返ることが多い	**Y**	N
2	自分の職場は他の職場と比べて危険が少なく、災害は起きないと思う	Y	**N**
3	夜勤の場合や近くに同僚がいない場合などで、かつ連絡手段がないような場所で一人で作業をすることは怖いと思う	**Y**	N
4	安全のルールは経験の浅い人たちのためにあると思う	Y	**N**
5	昔は怖いと思った危険な作業でも、今は慣れてしまって怖いと思わなくなった作業がある	**Y**	N
6	常に職場や家庭で整理整頓を心掛けている、職場の共用スペースや家の中に落ちているゴミは拾うようにしている	**Y**	N
7	突発作業でも落ち着いて周囲・同僚の安全も確認しながら作業を行うことができる	**Y**	N
8	どんな（設備）点検でも必ず現物を確認して確実に実施する（現物を確認せずに点検表に○だけ記入するようなことはしない）	**Y**	N
9	自分が知らないルールや、決められた理由がわからないルールがある	**Y**	N
10	自分はミスをしないと思う	Y	**N**
11	自分や同僚が災害にあう可能性があると思った場合は、問題が解決するまで対応するようにしている	**Y**	N
12	非定常作業を行っている途中で作業内容の変更や状況の変化があったとき、必ずKYをやり直す（修正KYを行う）ようにしている	**Y**	N
13	同僚や家族等が不安全な状態にいるときは、その場で注意するようにしている	**Y**	N
14	階段を駆け下りたり、段を飛ばして下ったりすることがある	Y	**N**
15	日常使用するガラスや陶器の食器が少し割れて欠けた部分があれば処分してしまう	**Y**	N
16	車に乗るときは、後部座席に座る場合を含めて必ずシートベルトを着用する	**Y**	N
17	歩いている（走っている）とき、曲がり角などで他の人と出会い頭にぶつかってしまったり、ぶつかりそうになったりしたことがある	Y	**N**
18	時間がかかっても正しい安全作業を行うことは格好いいと思う	**Y**	N
19	ヒヤリとした事故があっても報告しない場合がある	Y	**N**
20	うっかり・ぼんやりミスや手抜きを無くすためには本人がしっかりすれば良いと思う	Y	**N**
21	自分の安全と健康は自分や家族にとってかけがえのないものだと思う	**Y**	N

回答が網掛けと一致した数が「危険感受性」の評価点

敢行性判定チェック

No	質問	回答	
1	夜勤や一人作業時など、誰も見ていないときにルール違反作業をしてしまうことがある	**Y**	N
2	トラブル対応等で危険な作業が発生したとき、仲間にやらせるわけにはいかないと思う	**Y**	N
3	正しい道工具が遠くにある、安全スイッチが近くにない時など、面倒な時につい近道行為をしてしまうことがある	**Y**	N
4	「設備を止めると復帰が大変だ」などの理由で、短時間で簡易に処置できるものは、設備を停止せずに（動力源を切らずに）作業を行ってしまうことがある	**Y**	N
5	自分の職場には不安全な行動をしてはならないという安全に厳しい雰囲気がある	Y	**N**
6	会社や上司は安全にうるさいが、本当は安全よりも生産や品質が第一だと考えていると思う	**Y**	N
7	もし上司、先輩の指示があればルール違反である危険な作業もやらざるを得ないと思う	**Y**	N
8	仕事や日常生活で自分の行動や判断・思い込みが原因でケガや事故につながったり、つながりそうになったりしたことがある	Y	**N**
9	物が落ちそうになったり、倒れそうになったりしたとき思わず手を出してしまうことがある	**Y**	N
10	携帯電話の使用・会話禁止場所（車の運転中、病院、電車内、演奏会場など）では必ずルールを守る	Y	**N**
11	職場で自分が模範的な安全行動をしたいと思う	Y	**N**
12	同僚のルール違反を見ても、自分も守れないと思ったら見て見ぬ振りをすることがある	**Y**	N
13	安全に関するルール等でもおかしいと思ったら上司に意見を言うようにしている	Y	**N**
14	よくわからないことは、気軽に上司や同僚に確認することができる	Y	**N**
15	危険と思われる作業を行わなければならないときは、関係者に連絡し、細心の注意を払い安全対策をして行う	Y	**N**
16	（たとえ大きな）失敗をしてしまっても素直に報告し謝ることができる	Y	**N**
17	日常生活や仕事の上で、些細なことも含め同じ失敗（ミス、見逃しなど）をよく繰り返す	**Y**	N
18	車を運転するとき同乗者がシートベルトをするのを確認するまで車を発進させない	Y	**N**
19	突きつめて言えば、安全は個人の問題だと思う	**Y**	N
20	危ないこととはわかっていても、危険なことをしてしまうことがある	**Y**	N
21	自分は絶対にケガをしたくないと思う	Y	**N**

回答が網掛けと一致した数が「危険敢行性」の評価点

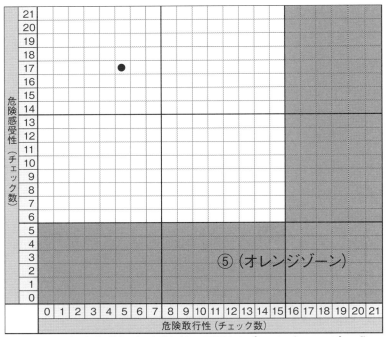

図12-1 危険感受性と危険敢行性の評価点をプロット（KKマッピング）

(2) アンケート結果のマッピング

チェックリストで危険感受性、危険敢行性の評価点が導き出されたら、縦軸を危険感受性、横軸を危険敢行性としたKKマップ上にプロットします（**図12-1**）。この位置が回答者の行動特性を表す場所となります。

(3) アンケート結果に基づく行動特性の気づき

KKマップにプロットされたゾーン別に行動特性が示されており（**図12-2**）、回答者には自分の回答でプロットされた位置によって行動特性に気づいてもらいます。ゾーン別の行動特性は以下のようになります。

① 特性を活かして安全ゾーン

安全感度は高く、危険な行動もしないという傾向の人がこのゾーンです。実際の作業でもこの特性を活かして行動してください。

② 自信のない安全ゾーン

仕事のことがまだよくわかっていない人がこのゾーンには多いかもしれません。知識と経験と安全感性の積み上げに努力しましょう。

③ 過信の不安全ゾーン

このゾーンには仕事に対して責任感が強いベテランが多いかもしれません。また思い込

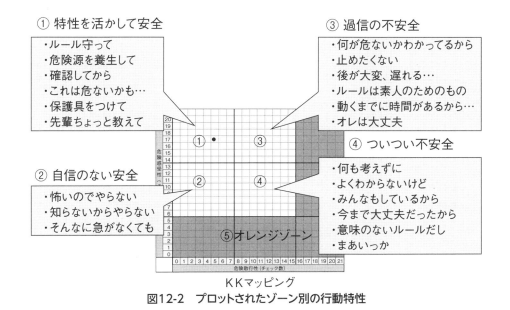

KKマッピング
図12-2 プロットされたゾーン別の行動特性

みの強い人もいるかもしれません。改めて安全最優先という認識を強く持ってもらうことが必要です。また、自分が「ついやってしまう」特性があるという気持ちを持ち、自分の行動をコントロールすることに心掛けてください。

④ ついつい不安全ゾーン

このゾーンにプロットされた人は、イケイケで勢いのある人や、失敗したときに失敗を自分の力で取り戻そうとして無理をしてしまう傾向の人などがいるかもしれません。「急がば回れ」という言葉の通り、知らないことは誰かに聞き、わからないことは確認してから行動するようにしましょう。

⑤ 「オレンジゾーン」

危険感受性がとても低い場合や危険敢行性がとても高い場合は、KKマッピングではオレンジゾーンとしています。ここに入ったら、なぜここに入ったのか、もう一度質問に対する回答を確認し、自身の安全に対する考え方を見つめ直し、自分自身の行動をコントロールする訓練が必要かもしれません。

(4) 結果の活用

KKマッピングアンケートを実施したら、以下のような活用方法があります。いずれもアンケートの結果をネタとした対話が中心の活用です。

① 職場における対話のネタとして結果を活用

職場ごとに各質問に対する回答比率を集計します（図12-3）。各職場でスモールミーティ

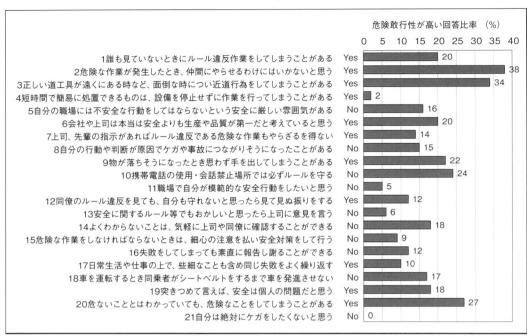

図12-3 職場討議に活用できる個人の回答を集計した結果のグラフ

ング（安全活動11参照）を行い、質問別の回答率を見ながら、自職場の特徴について話し合います。例えば、うちの職場でこの項目で危険敢行性の平均点が高くなったが、その要因は何だろうか、というような話し合いです。職場の傾向について自由に議論できれば、個人のみならず職場の行動特性を振り返ることもできます。KKマッピングは本来個人や職場の安全意識を評価するものではありませんが、職場全体の回答傾向が数字で示されると議論のネタになりますので活用できます。

② 個人面談のネタとして結果を活用

　個人面談などを行うとき、チェックシートの質問に対する回答を話題にすることができます。例えば、「『みんなが守っていないルールは守りにくい』という質問にYesと回答していますが、どのようなルールを思い浮かべて回答しましたか?」と尋ねてみると、意外な事実が判明するかもしれません。また、「『上司、先輩の指示があれば危険な作業もやらざるを得ないと思う』という質問にYesと回答していますが、そのような経験はありますか?」と尋ねてみると、あってはならない指示が出ていたことがわかるかもしれません。

　このように、特に危険敢行性が高く出た人とは職場の問題点や個人の行動について話し合うことができ、現場の実態や心の中のリスクを抽出できる場合があります。このような具体的な改善に結びつく活用とするためにも記名式で行うのが良いのです。言うまでもありませんが、結果を見て「だからお前はダメなんだ」のような叱責は絶対してはなりません。

(5) 実施時の留意事項

① 個人を評価するためのものではない

　KKマッピングで危険感受性が低い結果や危険敢行性が高い結果になった人が必ずしも不安全な行動をする人というわけではありません。自らの行動を厳しく見つめ、正直に回答している安全感度の高い人である場合も少なくないのです。また、回答を通じて自分自身や職場の問題点を提言してくれている人であるとも言えます。その結果のみを理由に、特別な指導（例えば、反省文や決意表明文の提出、ルールの再教育等）を行ったり、配置転換したり、まして処遇に反映させるなど、けっして行ってはなりません。KKマッピングはあくまでも本人に行動特性の気づきを与えるツールなのです。

② 人はそう簡単に変わるものではない

　各自が「危険感受性」を上げ、「危険敢行性」を抑える努力は必要です。ただ、このような特性はそう簡単に変わるものではありません。KKマッピングでは気づいた自らの行動特性を踏まえて、いざというときそれを思い起こして安全な行動に結びつけることが狙いです。したがって、いついつまでに全員が「特性を活かして安全ゾーン」に入ろう、というような活動目標を立てることも全く意味がありません。

③ 繰り返し行う

　KKマッピングは一度実施したら終わりということでなく、時々やり直すことにも意義があります。変化を確認するのが目的ではありません。繰り返して実施する（質問を読む）ことによって、回答者はあるべき姿を思い起こし、日頃の安全行動に結びつけることが狙いです。繰り返し行う場合は、1～2年に1回くらいが良いでしょう。

④ 「特性を活かして安全」ゾーンにマッピングしている人に対して

　理想的な姿を知っていて、少し背伸びをして回答していないか、実際の行動でその特性が活かせているか、確認して指導することも大切です。「特性を活かして安全」ゾーンの中でも特に左上にマッピングされる人の中には、正直に回答したら処遇に不利益が生じるのではないか、叱られるのではないかといった強迫観念を抱きながら回答しているケースがあります。また、職場単位で見た場合も、あまりにも左上にプロットが集中している職場は、恐怖政治的な管理が行われていて、自由に意見の言えない風通しの悪い職場であることもあります。

　ほとんどの質問事項はYesかNoかどちらに回答するのが優等生の回答であるのか一目でわかる内容です。正直な回答が前提となっている以上、KKマッピングで得られた数値をそのまま評価として受け止めるのではなく、その人の日常的な行動とセットで読み取ることが必要です。数字をどう読んで、それをどう活かすかは、実施した管理者の腕の見せ所と

も言えます。

4. 職場意識を確認するためのアンケート

　アンケートでは職場や作業者の心の中にある潜在的な課題を明らかにすることもできます。公の場では言い出しにくいことでもアンケートであれば全員から素直な回答を得ることができます。管理者が日頃から感じている課題や、災害が発生した背景要因などを探るとき、アンケートを活用できます。主に、職場の課題や雰囲気が良くないと感じたとき、その要因を調査することが目的です。

(1) アンケートの作り方

　まず、職場の課題について考えられる要因の仮説を立てます。そしてその仮説について質問文を作ります。例を下に示しますが、仮説を立てた事項について直接尋ねても良いですし、間接的な表現で質問を作ることもできます。

【課題と感じる仮説を質問文にする事例】

（◆：管理者が感じる課題の仮説　→質問文）

◆安全最優先ではなく効率最優先の意識があるのではないか
　→職場では安全最優先というより作業を優先している傾向を感じることがありますか

◆操業タイトな中、常に焦る気持ちがあり安全がおろそかになっているのではないか
　→急いで行わなければならない仕事が多いと感じますか

◆設備改善が行われないことにあきらめ感を持っているのではないか
　→上司に設備の問題を提言しても対応してもらえていないと感じるときがありますか

◆職場にピリピリした人間関係の問題があるのではないか
　→職場ではミスをすると周りから白い目で見られると感じることがありますか

◆事業所や職場の将来性に不安を感じ、浮足立っているのではないか
　→この職場がこれからも存続するかどうか不安に感じるときがありますか

　ここで、現場作業者の率直な意見や気持ちを引き出すためには、質問文はどちらかと言えばネガティブな回答を誘導するような聴き方にした方が良いでしょう。例えば「安全最優先ではなく効率最優先の意識があるのではないか」という仮説に対応する質問として、「職場では安全最優先で作業を行っていますか」と質問すると、ほとんどの人が「Yes」と回答するでしょう。一方で「職場では安全最優先というより効率を優先していると感じますか」、あるいは「感じることがありますか」と尋ねると、前者の場合よりも、良くない方の選択肢を選ぶ人が増えてくると思います。正しい姿をストレートに質問してほぼ100％から「Yes」とい

う回答をもらってもアンケートの意味はありません。少しでも職場の課題が浮き彫りにできるような質問文の作り方が大切です。

また、意見の傾向を把握するためには、選択肢をYes/Noではなく、複数択一（思う/どちらかというと思う/どちらかというと思わない/思わない、など）にすることを推奨します。ただ、複数択一にすると集計・分析が複雑になりますので、簡易に行いたい場合は二者択一でも良いでしょう。アンケートの目的に応じて決めましょう。

(2) **実施方法**

アンケートシートやスマートフォンのツールを活用してアンケートを行います。このような意識調査をする場合は、傾向を正しく掴むため無記名で行うことを推奨します。ただし、職場名や年齢、役職などの回答者の属性はその傾向を把握するためにも回答してもらうのが良いでしょう。

(3) **アンケートの活用**

アンケート結果を集計・分析することによって、アンケート作成時に立てた仮説の正否がある程度わかります。また、職場や属性別に分析すれば、職場の特徴をさらに詳細に把握できます。時間をおいて実施すれば意識の時間的な変化も確認できます。

そして、活用において最も大切なことは、アンケート結果を回答者にフィードバックすることです。集計・分析結果とともに、それを見てどう感じたのか、どの結果に喜んで、何にがっかりしたのかなど管理者の感想や、今後の職場運営方針にどう活かすかなどを回答者に伝えましょう。

意識調査アンケートで現場の意識の課題が見つかったとしても、それを職場の風土や意識の改善に結びつけるのは容易ではありません。改善のための1つの方法としてスモールミーティング（安全活動11参照）を行うことを推奨します。例えば事業所全体の結果と、その職場の結果を同時に示し、他職場と比較した自職場の傾向などについて話し合ってもらうのです。自分たちの中では当たり前と思っていることが、他職場と比較すると当たり前ではないと気づくことも、職場の風土や意識を改善する第一歩になるかもしれません。

5. 職場意識を認識するためのアンケートの事例

ここで紹介するのは職場の安全風土を把握するアンケートです。職場の安全風土と言っても、さまざまな視点での捉え方があります。例えば安全風土の根づいた職場は、整理整頓が行き届いた職場、安全に対して厳しい雰囲気がある職場、全員が安全ルールを理解して守っ

ている職場などさまざまな視点が考えられます。ここではこれらの視点を質問文にしてチェックする事例を紹介します。

(1) アンケート内容

職場の安全風土に影響すると思われる事項について、現場作業者の考え方を質問します（**表12-2**）。

表12-2　職場の安全風土を把握するためのアンケート

質問事項	回答	
1. 職場には安全に関する表示や掲示、注意喚起、ポスターなどが多くあると思う	**Y**	N
2. 他の職場に比べて整理整頓が行き届いていると思う	**Y**	N
3. 週に一度は必ず現場で管理者に会う	**Y**	N
4. ずっとこの職場で働いていたい	**Y**	N
5. ルールには目的のわからないもの、意味のわからないものがある	Y	**N**
6. 自分の職場には不安全な行動をしないという安全に厳しい雰囲気がある	**Y**	N
7. 実際に災害を起こしてしまったら、現実にはできないルールが対策として作られても仕方ないと思う	Y	**N**
8. 多少リスクを負ってでも操業を維持しようとする人が職場では優秀で責任感のある人と思われている	Y	**N**
9. 危ない作業であったが、うまく不具合を回避したことについて上司や先輩に褒められたことがある	Y	**N**
10. どちらかと言えば職場には操業や仕事のスピードを優先する雰囲気がある	Y	**N**
11. 安全パトロールはできれば来てほしくない	Y	**N**
12. 職場には直してほしいがなかなか改善されない不具合がある	Y	**N**
13. 上司や同僚に自分の不安全行動についてきつく叱られたことがある	**Y**	N
14. 自分の班で起こしたトラブルや不具合はできれば他の班に引き継ぎたくない	Y	**N**
15. 設備の安全化を進めた結果、非常に面倒でやりにくくなった作業がある	Y	**N**
16. 職場には効果を感じられない安全取組みがある	Y	**N**
17. うっかりミスや手抜きを無くすためには本人がしっかりすることが最も大切だと思う	Y	**N**
18. 急いでいても作業に変化が生じた場合はTBM、危険予知を行っている	**Y**	N
19. 危険を感じたら躊躇なく止めろと言われるが、個人の判断で止めることは難しいと思う	Y	**N**
20. 何か相談したい時に上司と連絡が取れないことが多い	Y	**N**

回答が網掛けと一致した数が「安全風土」の評価点

(2) 結果の活用

① 職場スモールミーティングのネタとして活用

　職場ごとに各質問に対する回答比率を集計し（**図12-4**）、その結果をネタに職場で感じたことなど話し合います。結果を見れば、これまではなかなか言い出せなかったことを、みんなも感じていたということがわかることがあるかもしれませんし、逆に自分だけが異なる考え方を持っていたということに気づくかもしれません。アンケートでは面と向かって言えないことを引き出すことができ、「本音」の平均値が表に出てくるわけですから、それをネタに話し合えば、より本音に近い話し合いが可能になるでしょう。そして、少しでも職場の風通しが改善されればアンケートの意味があります。より議論を盛り上げるために他職場の結果や事業所全体の平均値などと比較して話し合ってもらうのも良いでしょう。

② 管理者の予想と結果の比較による活用

　このアンケートは、質問事項の多くは管理者に対する評価とも言えます。管理者が毎日現場に行っているか、操業優先の人を知らず知らずのうちに褒めていないか、安全活動の意味を現場に理解させているかなど、管理者の日常的なふるまいや言動を作業者に評価してもらう意味合いの質問で構成しています。

　管理者は作業者にアンケートを行う前にまず結果を予想してみましょう。ひとつひとつの質問に対して回答比率を予想してみるのです。自分は現場に高頻度に足を運んでいるつもりでも、現場の人はそう感じていないかもしれません。また逆に自分は職場の安全に対する雰囲気が緩いと感じていても、職場の人々は厳しいと感じているなど、管理者と現場意識のギャップが明らかになります（**表12-3**）。

　この時、アンケート結果から得られた安全風土の高低に関係なく、予想と現場の回答にギャップが少なければ、管理者は作業者の気持ちを把握しているということですから、管理者合格と言えるでしょう。一方、管理者が高く予想し、実際に低い結果が出るのが最も良くない状態と言えます。

安全活動12「アンケート」のまとめ

1) アンケートを活用して、あるべき姿を作業者に示し、同時に自らの行動特性に気づいてもらいましょう。
2) アンケートを活用して言い出しにくい意見を引き出し、それをみんなで共有することで本音を語ることができる職場を作りましょう。
3) アンケートの結果は現場の思いが詰まった宝物です。これをフル活用し、対話を深め、課題を見つけ、個人を承認し、風通しの良い職場を作っていきましょう。

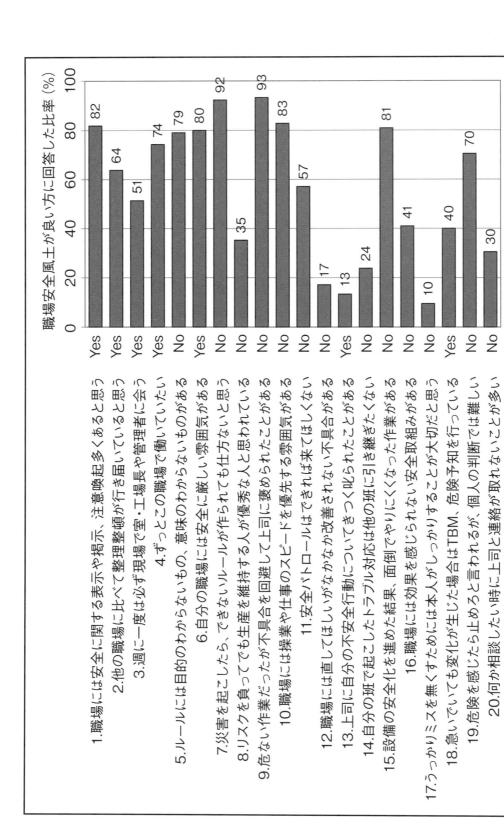

図12-4　作業者が回答した安全風土の評価点（例）

表12-3 職場の安全風土アンケートにおける管理者の予想と結果のギャップ（例）

質問事項		予想	結果	ギャップ
1. 職場には安全に関する表示や掲示、注意喚起、ポスターなどが多くあると思う	はい	90%	82%	-8%
2. 他の職場に比べて整理整頓が行き届いていると思う	はい	80%	64%	-16%
3. 週に一度は必ず現場で管理者に会う	はい	80%	51%	-29%
4. ずっとこの職場で働いていたい	はい	80%	74%	-6%
5. ルールには目的のわからないもの、意味のわからないものがある	いいえ	70%	79%	9%
6. 自分の職場には不安全な行動をしないという安全に厳しい雰囲気がある	はい	20%	80%	60%
7. 実際に災害を起こしたらできないルールが作られても仕方ないと思う	いいえ	70%	43%	-27%
8. リスクを負ってでも生産を維持する人が優秀で責任感のある人と思われている	いいえ	80%	35%	-45%
9. 危ない作業であったが、うまく不具合を回避し上司に褒められたことがある	いいえ	70%	93%	23%
10. どちらかと言えば職場には操業や仕事のスピードを優先する雰囲気がある	いいえ	90%	83%	-7%
11. 安全パトロールはできれば来てほしくない	いいえ	20%	57%	37%
12. 職場には直してほしいがなかなか改善されない不具合がある	いいえ	30%	17%	-13%
13. 上司や同僚に自分の不安全行動についてきつく叱られたことがある	はい	20%	13%	-7%
14. 自分の班で起こしたトラブルは他の班や組（直）に引き継ぎたくない	いいえ	50%	24%	-26%
15. 設備の安全化を進めた結果、非常に面倒でやりにくくなった作業がある	いいえ	80%	81%	1%
16. 職場には効果を感じられない安全取組みがある	いいえ	40%	44%	4%
17. うっかりミスや手抜きを無くすためには本人がしっかりすることが最も大切だと思う	いいえ	50%	12%	-38%
18. 急いでいても作業に変化が生じた場合はTBM、危険予知を行っている	はい	80%	52%	-28%
19. 危険を感じたら躊躇なく止めろと言われるが、個人の判断で止めることは難しい	いいえ	100%	72%	-28%
20. 何か相談したい時に上司と連絡が取れないことが多い	いいえ	30%	32%	2%

網掛け：管理者の意識が甘い項目

第2章　現場作業者の安全意識を上げる

安全活動 13　職場の風通しを良くするネガティブ情報提言活動

1. 目　的

　職場には管理者が観察しているだけでは見つけにくく、作業を行っている者にしかわからないリスクがたくさんあります。また、災害につながる不安全行動は一瞬の行為によって発生するものが多く、その瞬間を管理者が安全パトロールだけで見つけるのも容易ではありません。

　管理者のリスク感度と作業者のリスク感度は必ずしも一致しません。管理者がリスクであると思うような行為や状態であっても、毎日作業を行っている作業者がそれを危ないと感じていない場合もあります。作業者は毎日の作業に慣れ切ってしまっている可能性があるからです。管理者はリスクに対する感受性は高いが、それを見るチャンスが少ない。作業者はリスクに触れる機会は多いがそれをリスクと感じていない。そのギャップを埋めなければリスクの削減や災害防止にはつながりません。

　しかし、作業者が危ない、やりにくい、リスクがあると感じていることであっても、作業者からはその情報は上がりにくいものです。なぜならば不用意にリスク情報を管理者に上げるとその改善を自分でやらされたり、改善によって作業の手順が増えたりするのではないかと不安に感じることもあるからです。「問題なく作業はできているし、災害が発生しているわけでもない。確かにちょっと危ない気はするけれど、余計なことを言って面倒になるくらいなら、現状のままが一番。変化させないでほしい」そんな心の声が聞こえてきそうです。

　ここではそのような気持ちを変え、作業の中で危ない、おかしい、何か変、と感じた事項（これらをネガティブ情報と呼ぶことにします）をどんどん提言してもらう方法について解説します。

【現場のリスクが上がりにくい作業者の気持ち】
・安全対策として、余計な手順が増えて面倒になるかもしれない
・安全柵、カバー等の防護設備、停止スイッチや自動停止装置などの安全装置が設置され作業がやりにくくなるかもしれない
・提言したリスクの対策を自分でやらされるかもしれない
・報告したら、あれこれ細かいことを聞かれて時間がかかるかもしれない
・リスクとなった要因を自分のせいにされ、叱られるかもしれない
・みんなは文句も言わずにやっているのに、自分だけわがままだと思われるかもしれない
・昔からやっている作業や設備なのにいまさら言っても仕方がない
・改善するアイデアもお金もないはずだから、言っても何も変わらない

2. 災害発生時の「あるある」

みなさんの職場では、災害が発生した後で、現場の作業者に聞いてみたら、その予兆があったにもかかわらず、未然防止ができなかったという経験はありませんか。

【災害発生時の「あるある」】

〈災害事例〉
　この職場には資材運搬に使用している手押し台車がある。3週間前からその手押し台車の車輪の軸が少し曲がっていて、押してもまっすぐに進みにくい状況が発生していた。ある日、Aさんはその台車を使って200kgの資材を運搬していた。まっすぐ進みにくかったが無理に押し進めたところ、バランスを崩して積み荷がAさんの足の上に崩れ落ち、足を骨折した。

〈災害後の作業者と管理者の会話〉
　管　理　者：なぜ積み荷が崩れ落ちたの？
　被 災 者 A：車輪に不具合があったようで、まっすぐ進みにくかったのです。
　　　　　　　ちょっと無理に押したら台車が傾いて崩れてしまいました。
　管　理　者：この台車はいつからそんな状態だったの？
　被 災 者 A：3週間前から同じような状態でした。
　同　僚　B：私も3週間くらい前からまっすぐ進みにくいなと感じていました。
　管　理　者：なぜその時そう言ってくれなかったの…。
　　　　　　　その時修理していたらこんなことにならなかったのに…。

このように、作業者が不具合に気づいていても、作業を遂行できる状態であれば、無理したり、我慢したりしてその仕事を進めてしまうことは少なくないものです。多少問題があっても作業を成し遂げたら仕事は無事終了しますので、問題は表面化しないのです。

ネガティブ情報提言活動は、些細なものであっても問題点や課題を感じたときに提言してもらい、災害を未然に防止するという活動です。考え方はヒヤリハット報告活動と同じですが、ヒヤリとしなくても必ず何かを提言するよう義務化するところがヒヤリハット報告との大きな違

【ネガティブ情報提言活動を行っている職場では】

　作業者A：ネガティブ情報を提言せよと言われても、毎日毎日、提言することなどそんなにないのになぁ。でも何か書かなきゃいけないし、「台車で資材を運搬するとき、台車がまっすぐ進みにくかったからイライラした」とでも書いておこうか。
　管理者：（その記録を見て）Aさん、台車がまっすぐ進みにくかったって書いてくれていたけれど、どの台車？　なぜそんな状況になったのだろうねぇ？
　作業者A：（現場で一緒に台車を見ながら）これですよ。おそらく右の前輪の軸が曲がっているのではないかと思います。
　管理者：本当だね！　この台車は修理に出そう。修理に出すまでの間、この台車は使わず別の台車を使ってくださいね。

いです。

　これはネガティブ情報提言活動による簡単な事例ですが、些細なことでも、情報が上げられたことと、管理者の対応によって災害を未然に防止できたことになります。

3. ネガティブ情報提言活動の方法

　毎日の終業時、全員に「今日の気づき・問題点」を所定の様式に書いてもらいます。書いてもらう事項は、良くなかったこと（ネガティブ情報）限定です。良かったこと、頑張ったことなども大切な情報ですが、ここではそれを求めません。あくまでも良くなかったことだけを報告してもらい、「特になし」、「問題なし」はNGワードとします。

```
【記載してもらうネガティブ情報の種類】
・ヒヤリとしたこと      ・作業の失敗         ・作業方法の反省
・設備の不具合          ・道工具の不具合     ・作業環境の悪さ
・作業手順書の誤り      ・イライラした作業   ・やりにくかった作業
・アタマにきたこと      ・各種要望事項       ・各種提案
・安全活動の不満        ・理不尽な指示       ・いつもと違ったこと
・なんか変と感じたこと
                                                        など
```

　一日の作業では些細なことも含めれば「全く問題なし」、「全く異常なし」はあり得ないでしょう。しかし同じ作業を繰り返している人にとっては、問題があっても、それが表面化するような事態にならなければ「問題なし」なのです。「何もなかったけれど、強いて言うなら…」で良いので、義務としてネガティブ情報を記載してもらうのがポイントです。報告様式の事例を**図13-1**に示します。

　毎日上げられる多くのネガティブ情報は管理者がすでに認識していることや、取るに足らない情報が多く含まれるかもしれません。しかし、その中の1つでも認識していなかったリスクや課題があればそれを改善につなぐことができます。情報がたくさんあればあるほど、貴重な情報が含まれる可能性が高くなります。そのためにも管理者は記載内容を確認し、場合によっては問題提起してくれた人と一緒に現場で確認することも必要です。

4. 期待効果

　この活動は現場からの問題提起を「何かあったら言ってください」ではなく、「何かあるはずだから必ず言ってください」とすることによる義務化であり、3つの効果が期待できます。

　1つは現場からの些細なものを含めたリスクが提言され、ひとつずつ改善を進めることができるということで、これが主目的です。改善すべきレベルではなかったとしても、現場の作業

	課長	安全担当	係長	班長

ネガティブ情報提言活動　記入シート

職場	出荷職場	氏名	朱宮　千裕	管理者フォロー
日時	本日の業務での気づき (やりにくかった作業、面倒だった仕事、イライラしたこと、設備の不具合、同僚の不安全行動、作業マニュアルの不備、ヒヤリハットなど)			
10/7(月)	・クレーンの巻き下げブレーキの効きが悪いと感じた			👍いいね!
10/8(火)	・いつもより荷物が小さかったので面倒だった			
10/9(水)	・大雨で出入口に水たまりができて歩きにくかった			
10/10(木)	・いつもと違うトラックの運転手が道に迷ってなかなか来なかった			
10/11(金)	・作業手順書通りの手順を守ると時間がかかりすぎる			👍いいね!

図13-1　ネガティブ情報提言活動　記入シート事例

者がどんなことを考えているのか、感じているのかを把握することもできますし、作業者個人の意識の違いを把握することもできます。日常生活で例えるなら、10年ぶりに再会した人と話をすると、交流のなかった10年間のお互いの大きなイベントが話題になりますが、毎日会っている人との話題では最近の些細なことが話題になります。それと同じです。現場の情報を集めるためには、毎日の情報提供が必要であるということです。作業者が問題ないと思っていても、管理者にとっては大きな課題であることもたくさんあるはずです。

　2つ目は毎日必ず提言しなければならないので、作業者は問題点を探そう、気づこうという気持ちにならざるを得ません。この意識を毎日継続させることによって安全に対する感性を伸ばすことが期待できます。

　3つ目はコミュニケーションです。提言された事項について、その現場に行き、提言してくれた人と対話をすることができます。対話によってその問題点をさらに認識できるばかりでなく、ネガティブ情報以外の話も引き出せるかもしれません。この活動は双方向のコミュニケーションを深めるきっかけにできるのです。

5. 実施する際の留意点

　この活動を盛り上げ、効果を引き出すためには、管理者が提言された事項に対して積極的に関与することが欠かせません。毎日提起された報告をチェックすることはもとより、管理

者が気づき得ない事象を提言してくれた人に高い評価を与えるなどの姿勢が必要です。図13-1の事例にあるように、管理者が気づきにくいリスクや課題を提言してくれた事項には「いいね」スタンプを付与し、「いいね」で取り上げられた事項はリスク一括管理表（安全活動4参照）で管理して改善を進めていかなければなりません。

また、ヒヤリハット活動と同様に、どのようなネガティブ情報が提言されても、提言した人を叱ったり非難したりしてはなりません。職場の負の情報を提言したら褒められるという雰囲気を作ることによって、何でも言い合える風通しの良い職場を作ることができます。

活動が活発になってくると、提言する作業者よりもそれをチェックする管理者の負担が大きくなってきます。そのような場合、負担が大きいからという理由で提言シートの確認が遅れたり、チェックせずに放置したりすることは絶対に避けなければなりません。毎日の提言をチェックするのが難しければ、提言頻度を毎日ではなく週に1件としても良いでしょう。

提言をスマートフォンなどのツールで報告する方法もあります。写真なども添えることができ、より深い情報共有が可能になります。

一方、この活動は長く続けるとマンネリ化し形骸化しやすい活動です。数カ月継続したらいったん中止し、その期間の情報を分析し、改善のフォローに注力するのが良いでしょう。また、災害の再発防止活動や、安全週間などの機会に行うキャンペーン的な活動として行うことも良いでしょう。

安全活動13「ネガティブ情報提言活動」のまとめ

1) ネガティブ情報提言活動を行い、些細なことでも現場の課題をどんどん上げてもらいましょう。
2) 作業者に義務を課した以上、管理者はその情報を大切に扱い、報告者を評価し、一緒に現場で確認するなどして、情報が飛び交う風通しの良い職場を作っていきましょう。

第2章 現場作業者の安全意識を上げる

安全活動 14　災害の起点を安全に乗り越える変化点管理

1. 目　的

　災害は作業の変化点が起点になって発生する場合が少なくありません。作業中に変化点があったときは、作業をいったん停止し安全対策を行ってからそれに対応することが大切です。しかし、変化点と一言で言っても、作業の中には大きな変化点から些細な変化点まで数多くの変化点があります。小さなものまで含めれば変化点なしで1日の作業を終えることはないと言っても過言ではないでしょう。

　さらに変化点起因で発生する災害は、多くの場合被災者はそれが変化点であると気づいていません。災害が発生したあとで、結果的に被災者は変化点で何も考えずに流れに任せて作業を継続したので災害になったと言われてしまいます。

　ここでは作業の中での変化点にいかに気づき、それにどのように対応すべきか解説します。

2. 災害の起点になった変化点の事例

　変化点に対して適切に対応しなかったために発生する災害は以下のようなものがあります。

- 機械から異音がしているので（ここが変化点）ので点検に行ったとき、小さな不具合を発見。すぐ直すことができるし、ちょっとだからという理由で設備を止めずに処置しようとしたとき、機械に指を挟まれた。
  →ちょっとした異変であっても設備を止めて対応すべきであった
- 電動工具が使用中に故障した（ここが変化点）ため、そばにあった別の道具で力任せに作業して手を打撲した。
  →間に合わせの道具ではなく、正しい電動工具に交換すべきであった
- 作業人数が足りなかったので、応援者に1人入ってもらったが（ここが変化点）、応援者が作業の流れを理解していなかったため、誤った作業でケガをした。
  →応援者にも作業の手順を伝え、リスクと安全対策を教えてから作業を手伝ってもらうべきであった
- 書類が風で飛ばされたので（ここが変化点）それを拾いに行ったとき、設備から目を離し、異常動作に気づかず緊急停止しなかったため別の作業者がケガをした。
  →とっさに拾いに行かず、交代要員を呼ぶか、設備を停止してから対処すべきであった

3. 変化点に気づく

　変化点管理は、まず変化点を変化点であると気づいてもらうところから始まります。そのためには、変化点に気づくきっかけとなる言葉が必要です。こんなときは変化点であるという表現で作業者に認識してもらうのです。職場で過去に発生した災害やヒヤリハットなどを参考にしていろいろな変化点の事例を示すことを推奨します。

【こんな時は変化点である】
- ちょっと見てこよう、と思ったとき
- ちょっと行ってこよう、と思ったとき
- ちょっと直そう、と思ったとき
- なんか変だ、と感じたとき
- めったに行くことがない場所に行くとき
- いつもの作業に対して10分以上余計なことをしなければならないとき
- いつもと異なる作業を指示されたとき
- 何かうまくいかない、と感じたとき
- 誰かに何かを手伝ってほしいと思ったとき
- 作業でイライラした気持ちになったとき
- 一連の作業が終了したあとに、やり残したことに気づいたとき　　など

4. 変化点管理のための活動

(1) 職場における変化点について話し合う

　「うちの職場であり得る変化点」というテーマでスモールミーティング（安全活動11参照）を行います。おそらく頻度の高い設備トラブル、製造順の変更、作業工程の変更などを真っ先に思い浮かべるでしょう。スモールミーティングではそれ以外にも考えられ得るできるだけ多くの変化点を挙げてもらいましょう。

　ほとんどの変化点では、流れのままに対応しても災害や事故は起きませんので問題視されませんが、話し合いの中では問題に発展しないものまで含めて、多くの変化点を挙げることがポイントになります。変化点を想像する訓練によって変化点に対する感性を上げるためです。

　意見が集約できたら「職場の変化点事例集」のような啓発資料を作成しても良いでしょう。

(2) 変化点で行う変化点危険予知

　変化点であると気づいたときには流れに任せて作業を継続せず、あらかじめ定めたシートあるいはカード（**図14-1**）に必要事項を記載してから作業を再開するという方法です。シートには、日時、作業者名、作業の内容を記載する欄を設け、事前に行うべき事項、考えら

	課長	安全担当	係長	班長
変化点危険予知シート				

月日	2024年11月 1日		時間	13:20～15:00	
作業名	巻き取り機点検作業		作業者	朱宮 直紀	
安全処置	電源停止	✔ ロックピン挿入 ✔	連絡先（ 松谷班長 ）		
	修理札	✔ バルブ閉	設備を停止してから行うこと		
チェック事項					
保護具は着けたか		✔	挟まれないか		
上司に連絡したか		✔	巻き込まれないか		✔
道工具は壊れていないか			墜落しないか		✔
連絡装置(無線機)を持ったか			火傷しないか		✔
懐中電灯を持ったか			当たらないか		
作業場所の安全を確認したか		✔	有害物に触れないか		
付近に人がいないことを確認したか		✔			
作業中パトライトを点灯させたか					
作業資格があるか					
作業場のリスク			安全対策		
異音確認中、脇の開口部から転落する恐れがあるので			ハーネスを使用し、立ち位置を確認してから作業を行う		
作業後の反省、感想、提案			管理者コメント		

図14-1 変化点危険予知シート事例

れるリスクとその対策などをあらかじめ選択肢として記載しておき、それをチェックできるようにしておきます。さらに事前連絡した相手、相手から指示・助言された事項なども記入できるようにしておくことにより、複数の目で変化点対応作業を見守ることができます。

(3) 変化点では必ず同僚や上司にその対応を行うことを報告する

　変化点作業に入ると思ったときには、電話、無線等で必ず同僚や上司に連絡してから作業を行う方法です。連絡を受けた者はこれから何を行うのか作業内容を聞き、アドバイスを行います。アドバイスは詳細に行う必要はなく、簡単な注意喚起だけでも良いでしょう。作業者が一呼吸置くことに意義があります。

⑷ 一日の作業の中で気づいた変化点を報告する

毎日の終業時、全員に「今日の変化点」を1つ書いてもらう方法です（**図14-2**）。どんなことでも良いので、自分の作業中にあった変化点と思われることを報告してもらうのです。「特になし」をNGワードとすることもポイントで、特になくても「強いて言うなら」で良いので必ず変化点を報告してもらうことが大切です。変化点という言葉が難しければ「今日起こったいつもと違うこと」を報告してくださいと指示しても良いでしょう。

変化点報告を義務化することにより、些細な事象を含めて現場から多くの変化点が報告されることになります。その中には管理者が知り得ない変化点があるかもしれません。例えば、管理者の知らないところで関係部署から不適切な作業指示が出ていたとか、小さなトラブルが頻発していたとか、人の応援を必要としていたなど、ひとつ間違うと災害に結びつくものが発見できるかもしれません。

一方作業者は、変化点報告が毎日の義務になれば、何か報告しなければなりませんので変化点を探すことになります。この探すという行為も変化点に気づく訓練であり、感度が上がれば変化点で流れのまま作業を継続させない習慣づけになります。

いずれの活動も、変化点を具体的に認識し、変化点でも安全行動に徹してもらうことを目的としています。管理者が「変化点では必ずいったん立ち止まりなさい」といくら叫んでも、変化点を変化点と気づかなければ意味がありません。変化点管理のベースは変化点に気づくことであり、変化点に関する感性を上げてもらうことから始まります。

私の今日の変化点		課長	安全担当	係長	班長

職 場	鋼管ネジ加工職場	氏 名	朱宮 直紀	管理者☑
日 時	今日の変化点			
6/1(月)	・短管のねじ切作業で短管が引っかかった			☐
6/2(火)	・切断した鋼管が設備の中に落ちた			☐
6/3(水)	・ねじ切中に機械から異音が聞こえた。油を差したら音が消えた			☑確認・対応済
6/4(木)	・多くの材料の鋼管が汚れていたので、ふき取った			☐
6/5(金)	・余裕時間があったので、設備の塗装を行った			☐
（管理者コメント） ねじ切機の異音は他の人からも報告を受けています。潤滑油不足だけではなさそうですので整備課に点検を依頼しました				

図14-2　変化点事例を報告してもらうシートの事例

5. 変化点管理活動の活かし方

　変化点危険予知や変化点報告活動などで上げられた変化点を集計し分析してみましょう。例えば、変化点危険予知を行った変化点の内容や、毎日上げられる変化点をカテゴリ別に集計しどのような傾向があるのか分析してみるのです。職場で発生しているさまざまな不具合や、やりにくい作業などが見えてくるはずです。また、報告してくれた作業者別に変化点を集計することにも意義があります。変化点に気づく感性の高い人・低い人や、その人の行動傾向も把握できるかもしれません。

　いずれの場合もやらせたままにしないことが肝要であり、管理者は現場から上げられる情報をよく見て、上げてくれたことに対して評価することが活性化のためのポイントです。たくさん変化点危険予知シートを出してくれた人を褒める。管理者が知り得なかった変化点をたくさん報告してくれた人に感謝の気持ちを伝えるなど、上げられた情報にフィードバックすることが大切です。

6. 実施するときの留意事項

　4項（110ページ～）で述べた変化点管理活動のうち、特に(1)の変化点について話し合う活動と、(4)の変化点報告活動は継続的に行うといずれマンネリ化しやすい活動です。数カ月間のスポット的な活動にしたり、何かの機会にキャンペーン的に行ったりすることを推奨します。変化点起因の災害が発生した後に再発防止取組みとして期間限定で行っても良いでしょう。

安全活動14「変化点管理」のまとめ

1) 変化点管理のスタートは変化点に気づくことです。変化点とはどのようなときなのか、気づきやすい言葉で具体的に示しましょう。
2) 管理者はさまざまな手法によって職場で日々発生している変化点を認識し、最終的には変化点が少なくなるようにリスクや課題を改善していくことも大切です。

第3章

安全活動を評価する

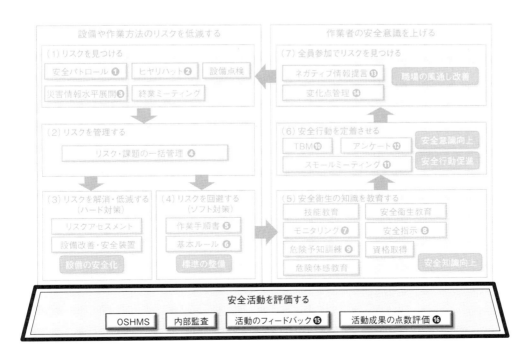

第3章　安全活動を評価する

安全活動 15　安全活動活性化のための管理者による活動のフィードバック

1. 目　的

　安全活動には、ヒヤリハット、危険予知訓練、TBM、スモールミーティングなど記録を残すものがあります。安全活動の記録は管理者が読み、読んだことを相手に伝えなければなりません。安全活動をやらせたままにしてはならないということです。安全活動の記録はコミュニケーションの大切なツールですが、それが現場から管理者への一方向の情報伝達だけではなく、双方向のコミュニケーションでなければなりません。やらせたままにすると、活動に取り組むモチベーションが下がり、成果もなく、作業者の負担が増すだけという結果につながりかねません。

　ここでは、安全活動を活性化するために、記録に対する管理者のフィードバック方法、双方向のコミュニケーションにするための方法について解説します。

【記録を残す安全活動の事例】

- ヒヤリハット報告
- 作業前TBMシート
- スモールミーティング議事録
- 職場パトロール記録
- 類似災害防止検討会記録
- 変化点危険予知記録
- 新人の実習記録
- 危険予知訓練記録
- 始業ミーティング記録
- 自主改善報告
- ネガティブ情報提言活動記録
- 新人教育記録・日誌
- 変化点報告活動記録
- 教育受講アンケート・感想文

（リスク一括管理表、リスクアセスメント記録、設備点検記録、施工記録などは業務遂行のための記録であり活動の記録ではないため、ここでは対象外です）

---

2. 記録は貴重な情報源

　現場の作業者にとって安全活動に関する記録を残すことは面倒なことです。作業を予定通り安全に遂行できているのであれば記録など必要ないと考える作業者も多いのではないでしょうか。ただ、管理者にとって記録は現場から上がってくる貴重な情報源のはずです。それを活かすも殺すも管理者の熱意と腕次第です。

　管理者が記録をありがたいと思っていない、大事に扱っていない、受け取っただけでフィードバックしていない、そのような管理者のところには有効な情報は上がってきません。まずは現場から上がってくるさまざまな情報を丁寧に見ましょう。そしてフィードバックしましょう。

3. 記録類に対して管理者が意識すべきこと

(1) 必ず記録に目を通す

　現場から上げられた安全活動の記録に管理者は必ず目を通さなければなりません。ここで管理者とは必ずしも最上位の管理者である必要はなく、記録の種類や内容に応じて係長や班長などの職長や監督者もここでは管理者に含まれます。その情報の目的や内容に応じて、それに適した階層の管理者が確認する必要があります。班長や係長がいったんすべてを確認して、必要な情報のみを上位の管理者に上げるという方法もあります。

　管理者が見ない、読まない記録は必要のない記録ということですから、逆に記録させるべきではないと考えましょう。

(2) プラスでもマイナスでも評価する

　記録は見る、読むだけではなく、記録を上げた人に対して何らかの評価を与える必要があります。記録を提出した立場に立てば、あれで良かったのかという思いも持つでしょう。管理者は良くても良くなくてもそれを確実に伝えなければなりません。記録の目的に照らして十分なのか不十分なのか、管理者の思いを明確に伝えることが活動の成否に大きく影響します。

(3) 定量的に評価する

　評価を行うときはできるだけ定量的に行うことを推奨します。例えばヒヤリハット報告を例に考えてみましょう。ヒヤリハット報告そのものはその内容が些細なものであったとしても、まずは提出してくれたことには感謝の気持ちを伝えなければなりません。ただ感謝の気持ちだけを毎回伝えていてもその目的は達成できません。例えばその内容によって以下のようにランク付けすることなども定量的な評価と言えます。

　　　・ランクA：ヒヤリハットの出来事が、管理者を含む多くの人に気づきにくく、即対応しなければならない内容のもの
　　　・ランクB：すぐに対応する必要はないが、少なくとも職場の関係者に周知すべき内容のもの
　　　・ランクC：想定が難しくなく、誰もが経験しそうなヒヤリハット

　定量評価は、明確な基準を作るのがなかなか難しい面もありますが、管理者が気に入ったら高評価するという程度の主観的なものであってもかまいません。要は管理者が自身の気持ちを返すようになっていれば、どのような形でも良いのです。

(4) 個人を評価する

　記録に対する評価はできるだけ作業者個人に対して行うのが理想です。例えば、変化点危険予知シート（安全活動14参照）の評価であれば、1カ月間の実施件数（記録の提出件数）を個人別に集計して多い順に表彰するなどの方法です。件数だけでは公正な評価にならないのであれば、シートごとにランクを付与し重みを付けた得点で評価することもできます。

　安全活動を職場全体で頑張った場合でも「みなさんよく頑張ってくれました」ではなく「○○さんはよく頑張ってくれました」とした方が個人のモチベーションが格段に上がります。頑張った人が評価され、頑張っていない人は評価されないという姿勢を明確にすることにより、活動をまじめにやっている正直者がバカを見ないようにする必要があるということです。この個人を評価するという姿勢が活動の全員参加につながっていきます。

(5) 記録を対話のきっかけにする

　管理者が現場に出て作業者と安全の対話をしようとしたとき、その情報を対話のきっかけにすることができます。安全パトロール（安全活動1参照）では現場を見て指摘するだけでなく、対話を積極的に行うことが必要です。ただ、対話のきっかけがないと「安全最優先で作業していますか」、「はい、しています」のような意味の薄い会話になってしまいます。

　一方、対話のきっかけがあれば作業者に現場で会ったとき「先日の報告についてもう少し詳しく教えてください」のような問い掛けをすることができます。管理者は確認しようとした内容を詳細に知ることができますし、問い掛けられた人も、自身の記録に関心を持ってくれたという嬉しい気持ちになります。それをきっかけに、さらに活動に取り組んでくれることになり、何かあればすぐに教えてくれるような風通しの良い関係ができることも期待できます。

(6) 記録に対してコメントバックする

　記録を提出してくれた人に対して、本来は顔を合わせてその内容について対話したり、評価することが望ましいのですが、時間や距離の関係などでそれが困難なこともあるでしょう。そのような場合は、記録そのものに管理者がコメントを書いて、報告者に返すという方法が有効です。

　記録へのコメント記入は、記録のどの部分に管理者が関心を持ったのかをわかるように書くことがポイントです。正論やあるべき論をコメントするのではなく、書いてくれたことに対して具体的にどう感じたのかを書くことが大切です。

　さらに記録類にコメントする場合は、その活動を行ってくれたこと、記録を残してくれたことに対する感謝の言葉も添えると良いでしょう。

【コメントバックするときのポイント】

記録に対するコメントバックは、書き方によっては管理者の手間が増えるだけになり、効果が期待できません。例えばTBMの記録(**図15-1**)に対してコメントバックを行うときを例にとって、レベル別の書き方を以下に示します。

レベル0：管理者のコメントなし

管理者が確認印を押しただけでコメントバックしていない状態は、読んでいないということを表明していることと同じです。各階層の管理者が、誰もコメントしない、あるいはできないのであれば、記録を提出させるべきではありません。

レベル1：一般論、正論コメント

安全に関する一般論や、正論、あるいは常に管理者が言い続けている内容など、当該の作業やTBMの内容に関連しないコメントは避けましょう（**図15-1**)。このようなコメントであれば記録を読まなくても書くことができます。読んだことが提出した人にわかってもらえませ

非定常作業TBMシート

課長	安全担当	係長	班長
印	印	印	印

日 時	2024年 9月 2日 13:20〜15:00	場 所	水配管バルブステーション	連 絡	佐野班長
作業名	水配管中間バルブ交換作業	図解			
指揮者	朱宮	作業者	古賀、安藤		
停止処置	水配管元バルブ閉				
保護具	保護めがね				
道工具	スパナ、シノ、手押し台車、チェーンブロック				

	手 順	担 当	予想される危険	対 策
1	バルブ交換場所のスペースを確保する	A,B,C	歩行中、高温配管に触れて火傷	高温配管のないルートで向かう
2	バルブをバルブステーションに運ぶ	B,C	運搬中手押し台車が倒れて足に当たる	台車にバルブを固縛する 段差のない運搬経路で運ぶ
3	交換対象バルブをチェーンブロックで保持する	A	チェーンブロックが外れて体に当たる	梁へ確実に連結する
4	取り付けてあるバルブフランジのボルトを外す	B,C	スパナが滑り手を打つ 外しきったときにバルブが落ち足に当たる	スパナは力任せに回さない 最終ボルトを外すとき足を下に置かない 外しきるとき全員に合図を送る
5	バルブをチェーンブロックで吊り下ろす	A	バルブが落下し手に当たる バルブと配管の間に手を挟む チェーンブロックが落ちる バルブに積もったほこりが目に入る	バルブにアイボルトを確実につける バルブのフランジ部に手を添えない 梁への連結を再確認する 外す前にバルブに積もったほこりを除去
6	バルブを床面に置く	A	バルブが倒れて足に当たる	転倒防止のくさびを入れる
7	新しいバルブをチェーンブロックで吊り上げる	A	バルブが落下し手に当たる	バルブにアイボルトを確実につける
8	バルブの配管位置に合わせる	A	位置調整をしているときに指を挟む	シノを使って穴合わせする チェーン巻き上げ時はバルブに触れない
9	（事項に続く）			

作業後の反省、感想、提案	(管理者コメント)
チェーンブロックを取り付ける梁が中心からずれていたため吊り上げにくかった。	暑い中、バルブ交換作業ありがとうございました。 この夏は猛暑であったためか災害が多発しました。 これからもTBMを確実に行って安全最優先の作業をお願いします

図15-1　TBM記録に対するコメントバック事例（レベル1）

ん。さらに内容が正論のみであると面白くありませんので、コメントを返された人は、「またか」という受け止めになり、せっかくのコメントが活きてきません。書かないより多少ましですが、管理者の負担が増えるだけで効果も期待できません。

> 【TBMの内容とほとんど関連しない一般論・正論コメントの例】
> ・この夏は猛暑であったためか災害が多発しました。これからもTBMを確実に行って安全最優先の作業をお願いします。
> ・TBMは非定常作業における安全確保の要です。これからも確実にTBMを実施しましょう。
> ・TBMで話し合ったことを確実に作業で実行し、安全確保に努めてください。

レベル2：かぶせコメント

　TBMの内容そのものに関連することをコメントすることが大切です。管理者が読んでくれたということをわかってもらえます。

　ただ、報告者が書いてくれた内容にかぶせるだけのものにならないように注意しましょう。せっかくコメントを書いても、受け取った人は「自分と同じことを言っているだけ」という印象になり、あまり嬉しくありませんし、作業者の心に響かないものになります。

> 【TBMの内容に関連はしているが、内容をかぶせただけのコメント例】
> （図15-1のTBMシートに対して）
> ・バルブに限らず、重量物をチェーンブロックで吊り上げる作業にはリスクが大です。梁に確実に連結してください。（図15-1 手順3の対策事項のかぶせ）
> ・堆積したほこりを除去してから行うことは大切なことです。また、普段からの清掃も大切です。（図15-1 手順5の対策事項のかぶせ）
> ・バルブはワイヤで直接吊るのではなくアイボルト使用がポイントです。今後もアイボルトを確実に使用してください。（図15-1 手順7の対策事項のかぶせ）

レベル3：キャッチボールコメント

　コメントバックはキャッチボール的に行うことを推奨します。キャッチボール的とは、記録全体にではなく、個々の記載に対してコメントすることを指します。書いてあることが気に入ったところにアンダーラインを引いたり、関心を持った部分に丸を付けたり、同意できる部分に「OK」、「その通り」、「いいね」などの文字を書き込んだりする方法です（**図15-2**）。

　管理者がどこに食いついて、どこに興味を持ってくれたのか、どこを評価してくれたのかなどが一目でわかります。管理者は読みながら感じた部分にどんどん書き込んでいくことになり

					課長	安全担当	係長	班長
非定常作業TBMシート								

日時	2024年9月2日 13:20〜15:00	場所	水配管バルブステーション	連絡	佐野班長
作業名	水配管中間バルブ交換作業	図解			
指揮者	A	作業者	B、C		
停止処置	水配管元バルブ閉				
保護具	保護めがね				
道工具	スパナ、シノ、手押し台車、チェーンブロック				

※手書きコメント:「A班長、新人のC君は仕事に慣れてきたかな?」

	手 順	担 当	予想される危険	対 策
1	バルブ交換場所のスペースを確保する	A,B,C	歩行中、高温配管に触れて火傷	高温配管のないルートで向かう
2	バルブをバルブステーションに運ぶ	B,C	運搬中手押し台車が倒れて足に当たる	台車にバルブを固縛する 段差のない運搬経路で運ぶ
3	交換対象バルブをチェーンブロックで保持する	A	チェーンブロックが外れて体に当たる	梁へ確実に連結する 《その通り!》
4	取り付けてあるバルブフランジのボルトを外す	B,C	スパナが滑り手を打つ 外しきったときにバルブが落ち足に当たる	スパナは力任せに回さない 最終ボルトを外すとき足を下に置かない 外しきるとき全員に合図を送る
5	バルブをチェーンブロックで吊り下ろす	A	バルブが落下し手に当たる バルブと配管の間に手を挟む チェーンブロックが落ちる バルブに積もったほこりが目に入る	バルブにアイボルトを確実につける バルブのフランジ部に手を添えない 梁への連結を再確認する 《これ大切!》 外す前にバルブに積もったこりを除去
6	バルブを床面に置く	A	バルブが倒れて足に当たる	転倒防止のくさびを入れる
7	新しいバルブをチェーンブロックで吊り上げる	A	バルブが落下し手に当たる	バルブにアイボルトを確実につける
8	バルブの配管位置に合わせる	A	位置調整をしているときに指を挟む	シノを使って穴合わせする チェーン巻き上げ時はバルブに触れない
9	(事項に続く)			

※手書きコメント:「手順の分解Good!」「ナイス感度!」

(作業後の反省、感想、提案) チェーンブロックを取り付ける梁が中心からずれていたため吊り上げにくかった。	(管理者コメント)

図15-2 キャッチボール的コメントの例 (レベル3)

ますので紙上の対話と言えます。これがキャッチボールコメントです。さらに、コメント書きの文字数も最小限に抑えられ、管理者の負担も少なくなります。

コメントバックを実際に行ってみると、コメントしやすい記録と、しにくい記録があることに気づくでしょう。具体的な記載事項がある記録に対しては、コメントも具体的に書くことができます。一方で、内容が乏しく一般的でありきたりな内容になっている記録には関心を持てる部分を探すのも大変で、コメントしにくいものです。すなわち、管理者がコメントしにくいと感じたら、その活動(記録)が形骸化しているのではないかと疑う必要があります。コメントしにくい記録ばかり出してくる人は目的に沿った活動ができていないかもしれません。

管理者がレベル3のコメントバックを目指すことによって、記録の記載内容も充実してきます。ここではTBM記録を例にとって解説しましたが、その他の安全活動記録に対しても管理者はキャッチボール的なコメントバックを行い、現場との双方向のコミュニケーションを図るようにしましょう。

(7) 職場の運営に反映させる

　安全活動の記録や情報は現場からの贈り物です。管理者はその情報提供に報いなければなりません。ヒヤリハットが報告されたらお金をかけて対策を打つ。TBM記録で危険な作業を行っていると感じたらその作業をやらなくても済むように関係先に掛け合う。職場のスモールミーティングで要望事項が出されたらその要望に応える。すぐに応えられないときも今すぐできない理由をきちんと伝える。これらすべてが現場からの記録や情報に対する礼儀です。

　この双方向のコミュニケーションを怠ると、提出される記録や情報は中身のないものになっていきます。活動の目的を見失い、記録を残すことが目的化し、情報も上がってこなくなります。

4. 安全活動をフィードバックするときの管理者の姿勢

　安全活動はやらせる側もやらされる側も基本的に楽しいものではありません。しかし、楽しくなくても作業者にはまじめに取り組んでもらわなければなりません。

　人は楽しくないことでも必要であると思って行うのはどのようなときでしょうか。受験勉強であれば、合格するという目的があるから楽しくなくても頑張れますし、合格／不合格という明確な評価が得られます。ボランティアで行う自治会の役員を希望していないのにもかかわらずやらされた場合であれば、地域のつながりと助け合いという明確な目的があり、地域の人にありがとうと言われれば、頑張って良かったと思えます。

　安全活動も同じです。大切なことは2つ。1つは目的を明確に示すこと、2つ目は目的が達成されたのかどうか評価することです。この2つ目の評価を与えることが安全活動のフィードバックに他なりません。反応がないものに対して人は動きません。まずは活動に取り組んでくれたことに対する感謝の気持ちを持ち、取組みの努力に関心を持つことが極めて大切です。

安全活動15「管理者による活動のフィードバック」のまとめ

1) 現場から上げられる記録や情報は安全水準向上のための宝物であり、現場からの贈り物です。管理者はそれを受け取るだけでなくフィードバックしましょう。
2) 安全活動に関する記録は必ず読んで、キャッチボール的にコメントバックしましょう。これは安全活動を行ってくれた人に対する敬意の表現です。
3) 安全活動の活性化のために大切なことは、目的を明確に示すことと、結果を評価することです。管理者にとっては特に結果を評価する部分に手間も時間もかかるものですが、その手間や時間が安全活動の活性化につながります。

第3章 安全活動を評価する

安全活動 16　成果の点数評価による安全活動の活性化

1. 目　的

　安全活動に対する作業者のモチベーションを高めるのは容易ではありません。災害はなくて当たり前、発生したら職場の関係者は被告人という空気になることが少なくないからです。一方、生産量、出荷量、コスト、利益など、事業の中核をなす管理指標に対しては、結果が数字で明確に表れます。職場全員が一体となってその向上に取り組むことができますし、結果を受けて一喜一憂もできるため、現場への動機づけもしやすいと思います。しかし、安全管理では「災害ゼロ」という目標があるにはありますが、その評価は災害が起こるか起こらないかです。毎日頑張って活動していても、災害は起こるときには起きますし、その目標に近づいているという実感も得にくいものです。

　そうであるならば、安全活動にも「災害ゼロ」ではなく、足元に身近な数値目標を設定すれば良いのです。その目標を毎日・毎週・毎月クリアすることに励み、都度達成感や未達の悔しさを感じながらやることで、知らず知らずに安全レベルも上げていくことができるでしょう。言い換えれば、安全取組みをゲーム化し、「安全のため」ではなく、「得点を獲得するため」、「他職場や同僚に点数で勝つため」という動機づけで活動に励んでもらうのです。

　ここでは実績を点数評価することによって安全活動を活性化する方法について解説します。

2. 方　法

　まず最初に、それぞれの安全活動の目的は何か。目的を達成するためには何をどうすべきなのかということを考えてみましょう。

　例えばヒヤリハット報告は、報告された出来事を関係者に周知した上で、可能であれば対策を行うことで同じ出来事による災害を未然防止するというのが目的です。その目的を達成するためには、より多くのヒヤリハットが報告されなければなりませんし、報告された出来事に対する対策をより多く行う必要があります。したがって、ヒヤリハット報告活動を点数評価する指標は「報告された件数」と「ヒヤリハット報告を受けて行った対策の件数」となります（**表16-1**、**図16-1**）。

　このように安全活動の目的に照らし、点数評価するためにどのような評価値を用いるのが良いのかを決めます。その上で、数値目標を設定し、毎月の実績を集計するのです。

表16-1 ヒヤリハット報告活動における評価値と目標値 （例）

目的	評価値	目標値（件/月/班）	目標を目指す人
ヒヤリハット報告が提出されること	報告件数	5件	作業者
報告された課題を改善すること	改善件数	2件	管理者

(1) 点数化の対象とする活動

基本的に職場で行っている多くの安全活動は点数化の対象にすることができます（**表16-2**）。それぞれの安全活動の実績を点数化して、点数の獲得競争という形で活動を活性化するのです。

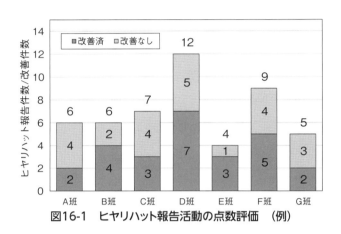

図16-1 ヒヤリハット報告活動の点数評価 （例）

表16-2 点数化可能な安全活動と評価値（例）

狙い	安全活動	評価値
①リスク抽出	・ヒヤリハット報告	報告件数、改善件数　など
	・ネガティブ情報提言	報告件数、改善件数　など
②作業リスク低減	・作業方法改善	改善件数　など
	・作業手順書作成	作成件数、演技訓練実施件数　など
	・作業手順書見直し	見直し件数　など
	・専用治具作成	作成数　など
	・道工具改善	改善件数　など
③設備リスク低減	・設備の自主改善	自主改善件数　など
	・設備不具合発見	不具合発見件数　など
	・リスクアセスメント実施	リスクアセスメント実施件数　など
	・内部監査指摘事項対応	指摘対応件数　など
④作業環境改善	・整理整頓	活動回数、清掃活動参加人数　など
	・保護具管理	保護具点検回数　など
⑤安全基本行動	・非定常作業TBM	TBM実施回数　など
	・変化点危険予知	変化点KY実施回数　など
	・指差呼称	指差呼称で褒められた回数　など
⑥安全教育訓練	・危険予知訓練	訓練実施回数　など
	・危険体感教育受講	教育受講回数　など
	・資格取得	資格取得数　など
⑦コミュニケーション	・スモールミーティング	ミーティング参加回数・人数　など

表16-3 さまざまな安全活動を点数化しチーム別の競争とした事例

11月度 ○○職場 安全活動獲得点数

活動項目		配点	A班		B班		C班		D班		合計	
			件数	点数	件数	点数	件数	点数	件数	点数	件数	点数
ヒヤリハット報告	Aランク	3	1	3	2	6		0	1	3	4	12
	Bランク	2	5	10	7	14	6	12	3	6	21	42
	想定	1	1	1	3	3	2	2	3	3	9	9
非定常作業TBM		2	8	16	10	20	5	10	3	6	26	52
変化点危険予知		1	21	21	15	15	28	28	31	31	95	95
危険予知訓練		8	1	8	1	8	1	8	1	8	4	32
作業手順書	新規作成	10		0		0	1	10	1	10	2	20
	見直し	5		0	1	5	2	10	1	5	4	20
設備自主改善		10	2	20		0	1	10		0	3	30
災害水平展開		5	1	5	2	10	2	10	4	20	9	45
ネガティブ情報提言	改善対象	3	5	15	4	12	2	6	8	24	19	57
	いいね	1	12	12	15	15	10	10	13	13	50	50
合計点				111		108		116		129		464
(班人数)1人当たり得点			(5)	22	(6)	18	(4)	29	(5)	26	(20)	23

(2) 実施事例

複数の安全活動を点数化（配点付与）し、班単位の獲得点数を集計し競争する取組み事例を表16-3に示します。さまざまな安全活動でポイントを獲得できる仕組みにすることで、職場の各自が自分の得意分野で努力することができます。例えば、設備改善など工作が得意な人は自主改善で頑張ることができ、文書作成が得意な人は作業手順書作成などに励むことでポイントを獲得できます。それぞれ形が違っても、全員参加で安全活動を盛り上げることができます。

3. 期待効果

(1) 安全活動の動機づけ

安全活動に対して個人やチームが努力したことについて点数評価をすることと、その目標を設定することで、達成感を与えることができます。個人やチームの毎月の獲得点数などを競うことにより、ゲーム感覚で安全活動に取り組むことができ、モチベーションを高める効果が期待できます。

(2) 職場の安全衛生計画への織込み

職場や事業所で安全衛生計画を策定する際、定量的な数値目標に活用できます。例えば職場全体で月間の総得点を1,000点にするという目標を立て、全員参加で取り組むことができます。総得点の時間的な推移を把握すれば、安全活動の浮き沈みもわかるようになります。業務目標と同じような管理が可能になり、最終目標である「災害ゼロ」に向かっているはずであるという実感が少しは持てるのではないでしょうか。

(3) 配点による取組みの重みづけ

各取組みに対する配点は、負荷のかかるもの、時間がかかるもの、高度な知識や技能を要するものほど高くしておくのが基本です。努力の量に対して公正に評価するためです。

ただ、負荷のレベルにかかわらず管理者が重要であると考える項目、管理者が重点的に実施してほしいと思う項目があれば、その配点を高くすることにより、その取組みに誘導することも可能になります。配点の大きさによって管理者の意思を現場に示すこともできるということです。ただ、継続的にこの活動を続けていくためには配点をあまり頻繁に変えない方が良いでしょう。

4. 実施に際しての留意事項

この活動は、関係者全員が点数に関心を持たなければ成り立ちません。管理者は安全会議やミーティングなど、事あるごとに点数に言及し、点数をいつも見て関心を持っているという姿勢を関係者に示すことが大切です。

一方、点数だけでは現れてこない日常的なその他の努力も評価しなければなりません。すべての活動を点数化することも困難ですので、「課長特別加点」のようなボーナス点なども加えて、血の通った仕組みにするのが良いでしょう。

安全活動16「成果の点数評価」のまとめ

1) 安全活動の目標は「災害ゼロ」だけではありません。毎日、達成感を得ながら取り組むことができるよう安全活動を点数評価し、その目標値を定めましょう。
2) 個人、グループ別の活動実績の点数評価値の管理を行い、ゲーム感覚で安全活動に取り組むことで、安全活動を活性化しましょう。

おわりに

16の安全活動について解説しました。各活動についてナルホドと思っていただける活動があれば職場に合ったものを組み合わせて行ってみてください。また、安全活動を行いたいが何をしたら良いのかわからない、安全活動を行っているがなかなか活性化しない、というときにも参考にしていただければ幸いです。

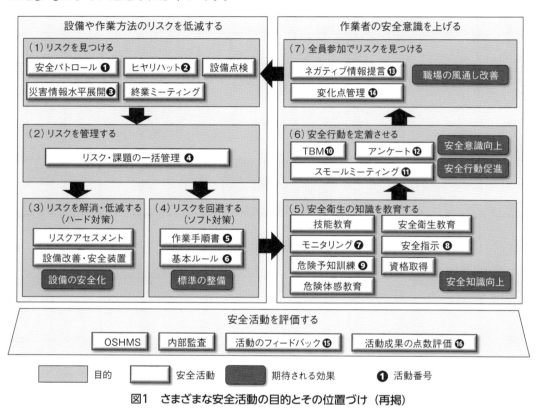

図1　さまざまな安全活動の目的とその位置づけ（再掲）

　ここで安全活動の目的と位置づけの図（**図1**）をもう一度示します。図中の矢印は「リスクを見つける」から始まって「リスクを見つける」に戻るという安全活動のサイクルを表しています。このサイクルを絶え間なく、かつ太く回せている状態が理想です。目的の(1)から(7)のどれかが一つでも滞れば職場の安全は確保されないと考えなければなりません。このサイクルを回す原動力はひとえに「安全活動を評価する」の部分です。管理者は目的を明確に示し、関係者全員はそれを心で理解し、みんなで目的通りに実行できているのかどうか評価し続けることが最も大切です。

　事故災害などをきっかけに安全活動を新たに始めることはよくあります。ただ、安全活動は始めるのはそれほど難しくはありませんが、いったん始めてしまうとなかなかやめられないものです。作業者が腹落ちして取組み、管理者による評価が行われ、なんとなくであっても効果が実感できているのであれば、「継続は力なり」と言えます。しかし、評価もされず、管

理者の関心もなく、頑張って行っていても誰が見てくれているのかわからないような状態になれば、現場にはマンネリ感、やらされ感、負担感が増加し、活動は形骸化します。

　みんな薄々意味がないと感じている安全活動でも、安全最優先という正論が叫ばれればそれに逆らえず、納得感が欠如したままやらざるを得ない状態が続きます。これが最も良くない状態です。安全活動は「最小限必要なこと」を「確実に遂行」し「評価する」ことが肝要です。まさに「選択と集中と評価」がなされてこそ意味のある安全活動になります。

　最後に、みなさんの職場が、元気に、明るく、安全に働くことのできる職場になることをお祈りいたします。頑張ってください。

おわりに

著者：朱宮　徹

1961年	愛知県名古屋市生まれ
1987年	東北大学大学院　金属材料工学科　修了
	住友金属工業（現 日本製鉄）入社
	和歌山製鉄所 製鋼技術室スタッフ
1998年	和歌山製鉄所 鋼片工場長
2003年	和歌山製鉄所 安全健康室長
2006年	住友金属工業 本社 安全・健康室長
2012年	日本製鉄 本社 安全防災推進部 部長（現職）

～管理者・監督者のみなさん悩んでいませんか？～
もっとうまくいく安全活動16選

令和6年10月1日　第1版第1刷発行

著　者　　朱宮　徹

発行者　　平山　剛

発行所　　中央労働災害防止協会
　　　　　〒108-0023
　　　　　東京都港区芝浦3丁目17番12号
　　　　　吾妻ビル9階
　　　　　TEL　販売　03-3452-6401
　　　　　　　　編集　03-3452-6209

イラスト・デザイン　　タカハラユウスケ
印刷・製本　　スピックバンスター株式会社

落丁・乱丁本はお取り替えいたします。　　©SHUMIYA Tohru 2024
ISBN978-4-8059-2172-2 C3060
中災防ホームページ　https://www.jisha.or.jp/

本書の内容は著作権法によって保護されています。
本書の全部または一部を複写（コピー）、複製、転載すること
（電子媒体への加工を含む）を禁じます。